Christophe Urios, une saison en enfer

Éditions Eyrolles
61, bd Saint-Germain
75240 Paris Cedex 05
www.editions-eyrolles.com

Images pages 23, 82, 176, 177 © Christophe Urios
Images pages 36, 65, 179 © EthiKonsulting
Image page 188 © Frédéric Rey-Millet

ISBN : 978-2-416-00502-2
Composé par Soft Office

Christophe Urios et Frédéric Rey-Millet

Christophe Urios, une saison en enfer

Histoires d'audace, d'échec et de résilience

Éditions
EYROLLES

À Ivy, ma petite-fille.
À Isabelle, Laurene, Maxence et Alexis.

Frédéric Rey-Millet

À Zaza, mon épouse.
À mes quatre enfants :
Gwendoline, Thibaut, Thaïs et Ezio.
À mes petits-enfants : Lola et Sohan.

Christophe Urios

Sommaire

Après l'action

Comment réussir ses échecs ?

Préface

Par Bernard Magrez

Quand j'ai rencontré Christophe Urios pour la première fois, ce qui m'a sauté aux yeux, c'est sa détermination. On la voit dans son regard... avec ou sans ses lunettes. On perçoit aussi très vite sa force de conviction et sa capacité d'écoute. Il est prêt à changer d'avis. En situation de match, il fait preuve d'agilité face à l'adversité, change de stratégie et reconnaît volontiers ses erreurs.

C'est un gars qui vit debout. J'entends par là qu'il se connaît, qu'il est à l'aise avec l'introspection. C'est la base. Ensuite, il est au clair avec lui-même, il comprend l'autre. Il sait prononcer les bons mots, il a la phrase et le ton qui font mouche, le regard qui s'illumine et le geste sur l'épaule pour donner confiance. On croit en Urios parce qu'on sent chez lui une affection sincère.

Depuis mon enfance, les trois questions clés de ce livre :

- Comment faire face au doute ?
- Comment vivre sereinement sous pression ?
- Comment réussir ses échecs ?

font parties intégrantes de ma vie.

Enfant, de 9 à 13 ans, j'étais nul à l'école. Même si, avec le recul, je pense que je ne l'étais pas vraiment. Je manquais simplement de maturité. J'avais tellement peu confiance en moi que j'avais décidé de singer les mimiques du premier de la classe. Il avait toujours la bouche ouverte ; j'ai fait de même.

Pour me faire réagir, quatre à cinq fois par an, mon père m'obligeait à porter une feuille solidement accrochée dans le dos.

Il y était écrit «Je suis un feignant». L'école n'était pas près de la maison. Dans la rue, le regard des passants était terrible à supporter. Ils devaient se dire que mon père était un taré. Malheureusement pour lui, cette thérapie n'a pas du tout fonctionné. À 13 ans, il m'a fichu dehors. Je me suis retrouvé dans un centre d'apprentissage à Luchon. J'étais seul et je ne revenais chez moi, au mieux, que tous les trois mois. J'ai commencé à prendre confiance en moi car je faisais alors partie des meilleurs élèves de la classe. Mes camarades n'avaient pour la plupart que le certificat d'études primaires alors que je sortais de ma classe de cinquième. On était les cabossés de Luchon. On avait soif de s'en sortir, de ne pas rester dans cette condition.

Les brimades de mon père et cette injustice permanente m'ont façonné. Tout mon parcours s'est construit, dès mon enfance, sur l'envie de revanche. Toutes les nuits, je rêvais d'être quelqu'un de connu comme Marcel Cerdan ou le matador Manolete. Aujourd'hui, encore, je fais les mêmes rêves: être un médecin connu qui sauve des vies. Aujourd'hui encore, la revanche est toujours mon moteur. Ne jamais renoncer. Ce n'est jamais fini.

Face au doute, je relativise. Je suis à un âge ou j'ai vu des choses difficiles, comme la Seconde Guerre mondiale. La Covid est un moment compliqué qui va passer. Depuis mars 2020, je ne suis resté que deux jours chez moi. La passion efface tout: le stress, le doute ou la fatigue. Face au doute, vous avez deux réactions possibles: renoncer ou l'accepter. Il faut aimer le doute pour l'apprivoiser, pour le maîtriser et, en fin de compte, pour devenir soi-même. Douter c'est accepter l'imprévisible, le charme de l'avenir et de l'incertitude. On efface le doute par la discipline personnelle, par l'action ou par la rencontre. Jeune, j'ai eu la chance de côtoyer le «milliardaire rouge» Jean-Baptiste Doumeng. Il était exemplaire et réfléchissait différemment. Sa force de conviction et sa confiance m'ont aidé à devenir meilleur.

Pour vivre sereinement sous pression, dès 5h45, je pratique de l'exercice physique, non pas pour être en forme, mais pour canaliser mon agressivité. Elle est le pendant négatif de l'excellence. L'excellence c'est le parfait qui peut encore faire mieux. C'est la même chose pour les costumes pour hommes : la demi-mesure ne remplace par le fait-main sur mesure…

Je pratique également de la méditation pleine conscience, des exercices de respiration et de bienveillance. J'en avais marre de prendre des produits pour dormir. Je sais que ce n'est pas facile de travailler tous les jours avec moi…

L'échec nourrit, sous réserve d'y réfléchir et d'éviter de le cacher sous le tapis. À mon âge, on a fait beaucoup de bêtises. L'idée c'est d'être capable de les rectifier aux trois quarts. Plus on les corrige, plus on est capable de le regarder dans les yeux. Je n'ai pas peur de l'échec. Je l'aime par défi. Face à un échec, je me dis souvent : « À nous deux ! » Je ne gagne pas toujours, c'est juste un combat de plus sur ma route. J'aime également l'échec parce qu'il m'oblige à rebondir, à ne jamais renoncer.

Être meilleur ne s'arrête jamais…

Bernard Magrez,
fondateur du groupe Bernard Magrez,
propriétaire de 42 châteaux.

Avis aux lecteurs

Le rugby n'est pas le sujet principal de ce livre.

Il ne s'agit pas non plus d'un livre sur le management d'une équipe professionnelle de rugby. Il en existe d'excellents. (Christophe et moi avons une affection particulière pour l'un d'entre eux…, à savoir notre précédent ouvrage, *15 leçons de leadership par Christophe Urios*, paru en 2019 aux éditions Eyrolles.)

Le livre que vous tenez dans vos mains est un ouvrage de développement personnel dont l'origine remonte au 16 mars 2020, jour précis où le cours de nos vies a radicalement changé. Depuis, nous sommes en guerre sanitaire contre un ennemi invisible.

Comment faire face aux doutes, incertitudes, difficultés voire tragédies auxquels nous sommes confrontés ?

En s'inspirant d'un personnage hors du commun : Christophe Urios, manager général de l'équipe professionnelle de rugby de Bordeaux. Pour celles et ceux qui ne le connaissent pas, sachez que Christophe est tout sauf un robinet d'eau tiède. Il suscite respect et admiration chez les uns et agacement chez les autres. Que fait un « type pas comme les autres » dans une période pas comme les autres ?

Les valeurs qui l'animent (combativité, solidarité et convivialité) donnent des clés pour développer avec sérénité une meilleure version de soi-même.

Face à l'intrusion de la Covid-19 dans nos quotidiens, le parcours de Christophe Urios peut être inspirant et vous donner l'envie de faire simplement ce qui compte pour vous.

Introduction

« Si le génie consiste à accomplir
de grandes choses sans effort, je n'en ai pas.
Mais si le génie consiste à viser l'excellence,
en dépassant nos échecs, en donnant tout ce que l'on a,
alors je suis un génie comme tout un chacun,
pour peu que nous nous en donnions la peine. »

ANGELA DUCKWORTH, AUTRICE AMÉRICAINE

Christophe Urios : du rustique au rebelle

Ce truculent colosse à l'accent carcassonnais entraîne depuis plus de vingt ans des équipes professionnelles de rugby. Il est performant. Champion de France 2018 avec l'équipe du Castres Olympique, il entraîne des équipes qui jouent systématiquement les premiers rôles. Son franc-parler, la précision de son analyse accompagnée régulièrement de quelques gros mots, en font un chouchou des médias. Non content d'être performant, il réfléchit à la pratique de son métier. L'image publique et les légendaires coups de gueule relayés par les médias cachent l'essentiel. Christophe est un intellectuel. Il pense son métier, cherche à progresser quotidiennement et veille à la cohérence entre ses intentions et ses actions.

Notre premier contact en avait été une parfaite illustration : plus de six heures d'affilée à échanger sur les sujets du management et du leadership. J'avais rencontré un bon client sachant raconter des histoires extraordinaires. Plus de 80 entretiens en tête-à-tête avaient abouti à la publication de *15 leçons de leadership par Christophe Urios*. Bénéfice collatéral, ces nombreux échanges avaient créé un lien de confiance et d'amitié entre nous.

Depuis juillet 2019, Christophe est le manager général de l'Union Bordeaux Bègles (UBB), équipe du Top 14 depuis 2011.

Avant d'entraîner, il a été joueur professionnel. Il a évolué au poste de talonneur dans différentes équipes de 1985 à 1999.

> Frédéric Rey-Millet : Sur le terrain, quel type de joueur étais-tu ?
>
> Christophe Urios : J'étais sur un terrain comme dans la vie de tous les jours. Sans filtre, direct, engagé, agressif, porté sur le défi physique… sans talents particuliers. Je m'accomplissais dans le travail. J'aimais rassembler, être devant, être au combat. J'avais été éduqué dans cette culture.

À l'époque, ses coéquipiers l'avaient affublé d'un surnom qui témoignait d'une introversion prononcée : « le rustique ».

Depuis 2005, il a été successivement manager général des équipes de Bourgoin-Jallieu, Oyonnax, Castres et aujourd'hui Bordeaux.

> Te destinais-tu à devenir entraîneur ?
>
> Non, Je suis devenu coach par hasard. J'étais au clair sur ma future reconversion. J'avais une formation en œnologie. Je devais reprendre l'exploitation agricole de mes parents. Comme souvent, les choses ne se sont pas passées comme prévu.

Le Christophe Urios de 2021 est très éloigné de sa version « rustique ». Il développe au quotidien trois talents de rebelle :

- il est à l'aise avec l'inconfort ;
- parce qu'il a soif d'apprendre, il est curieux ;

- il est aligné entre ce qu'il dit et ce qu'il fait et se comporte de la même façon quel que soit son interlocuteur. Il est authentique.

Peu importe qu'il soit manager général d'une équipe professionnelle de rugby, sauf si vous aimez ce sport. Meneur d'hommes, il aurait excellé dans n'importe quel domaine. Depuis juin 2020, il prépare son après-rugby en devenant propriétaire d'un domaine viticole de 52 hectares. Son parcours illustre la capacité de changer sur un temps long. Du taiseux à la grande gueule. Du rustique au rebelle.

L'objet de ce livre

« Cette année, elle en vaut cinq normales. On vit une saison incroyable ! » En tant que telles, ces deux phrases de Christophe Urios sont banales. Des millions d'entre nous auraient pu les prononcer en parlant de leur quotidien. En analysant celui de Christophe, la banalité disparaît. Du 17 mars 2020, lendemain de l'annonce du premier confinement, au 19 juin 2021, date de la défaite en demi-finale du Top 14 contre le Stade Toulousain, cette saison restera dans les annales.

Christophe et moi-même adorons le mantra des All Blacks – « Être meilleur ne s'arrête jamais » – inspiré d'Aristote : « L'excellence est un art que l'on n'atteint que par l'exercice constant. Nous sommes ce que nous faisons de manière répétée. » Mais que veulent dire ces deux phrases ? Que veut dire « être meilleur » ? Par rapport à quoi, à qui ? Si je n'ai pas envie d'être meilleur, est-ce un problème ? Et si je n'y arrive pas, suis-je un raté ?

Une saison en enfer, clin d'œil au recueil de poèmes d'Arthur Rimbaud (et non au film avec Bruce Willis, *Une journée en enfer*), est un ouvrage de développement de soi-même. Il concerne autant la sphère personnelle que professionnelle et répond à une seule question : *Comment trouver une meilleure version de vous-même ?*

La généralisation de la vaccination nous autorise un présent plus souriant que les mois passés en compagnie de la « bête à picots ». Peut-être est-il temps de faire une pause, de réfléchir à ce que nous vivons depuis mars 2020 et d'adapter nos comportements à ce contexte inédit.

Comment répondre à cette question à la fois complexe et un peu bizarre ? Que signifie « une meilleure version de soi-même » ? Nous ne sommes pas des logiciels Microsoft qu'une mise à jour suffirait à améliorer ! Et pourquoi rechercher une nouvelle version de soi-même si globalement « tout se passe bien pour moi » ? Vouloir à tout prix s'améliorer n'est-il pas de nature à nous priver de sérénité ?

Remplaçons alors cette question complexe par trois plus simples :

- Comment faire face au doute ?
- Comment vivre sereinement sous pression ?
- Comment réussir ses échecs ?

Tous les grands sportifs, tous les grands coachs ont connu l'échec. Tous ont vécu les pires désillusions (Jordan, Pelé, Cruyff, Maradona, Platini, Zidane). Sont-ils des losers pour autant ?

Liées entre elles, ces trois questions s'alimentent les unes les autres et fonctionnent comme un cercle vertueux. Cercle vertueux qui se résume en trois étapes successives : du doute, à la pression, puis à la réussite ou à l'échec réussi.

Avant d'agir, nous pensons donc nous doutons. En action, nous sommes sous pression – pression exercée par l'environnement extérieur mais aussi par nous-mêmes. Après chaque « partie » jouée, soit nous réussissons, soit nous échouons, soit nous apprenons à échouer. Chaque année, nous vivons des milliers de situations personnelles ou professionnelles dans lesquelles ce processus en trois étapes se déclenche.

Ce cycle peut être vertueux si nous adoptons les bonnes postures à chaque étape. À l'inverse, de nombreux pièges peuvent le transformer en cercle infernal.

Avant l'action, comment faire face au doute ?

Le 16 mars 2020 à 20 heures, Emmanuel Macron annonce le confinement strict du pays, pour quinze jours. Confinement qui durera en réalité huit semaines. Cette situation inédite a généré des questions que nous ne nous étions jamais posées. Que faire quand il n'y a plus rien à faire ? Quand l'avenir est d'une incertitude inédite ? Quand les informations ne traitent qu'un seul sujet : la Covid-19 ? Comment apprivoiser nos peurs ?

Pendant l'action, comment vivre sereinement sous pression ?

À la différence d'un match de rugby, dans la vie nous sommes en permanence sur plusieurs « terrains de jeu ». Les conditions sont difficiles. Les règles du jeu changent en permanence. Les adversaires sont nombreux. La réussite n'en est que plus incertaine.

Comment supporter, avec le sourire, la pression de vos clients, l'anxiété de vos collègues ou la mauvaise humeur de votre cercle familial ? Comment éviter de devenir agressif et de perdre confiance en vous ? Quelles sont les questions indispensables à se poser pour jouer sereinement votre partition, quel que soit votre terrain de jeu ? Les réponses à ces questions ne vous délivreront pas pour autant un passeport inoxydable vers la réussite. Vous échouerez. Ce qui nous renvoie au troisième point du cercle vertueux.

Après l'action, comment réussir ses échecs ?

La réussite n'existe pas sans l'échec, mais le monde dans lequel on pense n'est pas le monde dans lequel on vit. Nous sommes tous d'accord pour dire qu'on apprend de ses échecs mais nous sommes tout aussi prompts à les cacher sous le tapis. Nous avons trop tendance à vivre l'échec comme une remise en cause personnelle. Échouer, c'est être un raté.

Si on apprend de ses échecs, comment les réussir ? En répondant aux trois questions suivantes : Pourquoi l'échec est-il tabou ? Comment apprendre de ses échecs ? Y a-t-il vraiment des bénéfices à échouer ?

Ce cercle vertueux sera illustré par quatre histoires issues du quotidien de Christophe Urios.

Voilà, c'est fini

Le 1er mars 2020, l'UBB caracole en tête du championnat avec 7 points d'avance sur le deuxième et 21 points d'avance sur le Stade Toulousain, champion de France en titre. Le 16 mars 2020, tout s'arrête. La qualification pour les phases finales avec le titre de champion en ligne de mire ne sera jamais attribuée. La saison qui s'annonçait extraordinaire pour les Bordelais se termine sans clap de fin.

Un rêve d'enfant

Le 17 mars 2020, le pays est sous cloche, les entraînements collectifs sont interdits, les compétitions sportives annulées.

Alors, Christophe décide de concrétiser son rêve d'enfant.

Devenir entraîneur de l'équipe de France ? Pas du tout.

Depuis juin 2020, il est propriétaire du château Pépusque, exploitation viticole de 52 hectares située dans le département de l'Aude, plus précisément dans le village de Pépieux.

« C'est une histoire incroyable, un truc de fou. Quand on parle de retour aux sources, c'en est vraiment un ! » Le père de Christophe n'était autre que le régisseur de cette cave. Enfant, le château Pépusque était son terrain de jeu. C'est surtout un pari insensé. En pleine pandémie, il investit des sommes d'argent importantes dans un domaine situé à quatre heures de route de Bordeaux. Il n'a aucune visibilité sur le business potentiel. Il achète trois mois avant les vendanges alors que la sagesse conseillerait de le faire après cette période cruciale. Il embauche de parfaits néophytes (ses deux frères et son épouse) pour l'aider.

5 % de chances

Le 3 mai 2021, l'équipe de Christophe Urios joue pour la première fois de son existence une demi-finale de Coupe d'Europe face au Stade Toulousain. Douze cas positifs côté bordelais empêchent les Girondins de s'entraîner les trois semaines précédant le match. La presse spécialisée prédit une déroute bordelaise. Les Bordelais tiennent la dragée haute aux Toulousains et craquent en fin de match.

« La meilleure équipe n'a pas gagné »

En début de saison 2020/2021, le club souhaite faire partie des six meilleures équipes du championnat. Au terme de la phase régulière, les Bordelais terminent quatrièmes. Ils jouent leur demi-finale contre le Stade Toulousain le 19 juin 2021. Depuis la création du club en 2011, l'UBB n'a jamais atteint ce stade de la compétition. Il ne manque qu'un titre de champion de France pour que cette saison devienne historique. Au terme d'un match à rebondissements, le Stade Toulousain l'emporte sur le score de 24 à 21. Christophe déclarera à la fin du match : « La meilleure équipe n'a pas gagné ce soir. » Deux mois plus tard, il maintiendra ses propos. Lors de la saison 2020/2021, l'UBB a rencontré et perdu quatre fois contre les Toulousains.

Existe-t-il une malédiction toulousaine ? Comment évacuer cette déception et repartir sur de bonnes bases ?

*

Depuis que Christophe entraîne, des dizaines de citations agrémentent les murs des vestiaires de ses équipes. Depuis le 16 mars 2020, l'une d'entre elles, attribuée à Voltaire, nous sert de boussole : « J'ai décidé d'être heureux car c'est bon pour la santé. » Ce livre se veut optimiste. Il propose de nombreuses astuces et bonnes pratiques simples à mettre en œuvre pour vivre sereinement les 30 000 jours que nous passons en moyenne sur terre. Chaque jour passé ne reviendra jamais. Autant le vivre sourire aux lèvres, expression sincère d'un état d'esprit positif.

Avant l'action

COMMENT FAIRE FACE AU DOUTE ?

« *Le doute est un démon bienfaisant.* »
THOMAS HENRY HUXLEY

5 % de chances

Le 1er mai 2021, l'équipe de Christophe Urios joue pour la première fois de son existence une demi-finale de Coupe d'Europe face au Stade Toulousain. Ce sera le match de l'année mais la Covid s'invite à la fête. Tous les joueurs professionnels de rugby passent des tests PCR deux fois par semaine. Les Bordelais ont été plutôt épargnés tout au long de cette interminable saison. Pas cette fois-ci. Douze cas positifs empêchent les Girondins de s'entraîner collectivement les trois semaines précédant le match. Les médias spécialisés prédisent une victoire des Toulousains avec plus de 40 points d'écart.

Frédéric Rey-Millet : Comment prépare-t-on une demi-finale européenne sans pouvoir s'entraîner ? Comment gère-t-on son inquiétude et celle de son groupe ?

Christophe Urios : Nous jouons le match un samedi. Cinq jours plus tôt, je récupère mon groupe de joueurs qui ne s'est pas entraîné collectivement depuis plus de trois semaines. On a même récupéré trois joueurs à la veille du match *(à cause de la Covid ils étaient en isolement).*

Le lundi matin, j'ai commencé ma prise de parole avec un support PowerPoint. Il s'appelle « Histoire du Match ». J'ai volontairement nommé et traité les aspects négatifs avec un slide humoristique : tout le monde prévoit que nous allons couler et la seule façon de s'en sortir, c'est de prier.

J'ai continué avec un slide qui estimait nos chances, ce lundi matin. On partait de rien. J'estimais nos chances de gagner le match à 5 %. Le chemin était tout tracé. Nous avions quatre jours pour gagner 45 % afin d'être à 50 % le jour du match. J'ai insisté sur l'importance du « JE ». Un collectif est performant parce qu'individuellement, chaque joueur est compétent à son poste.

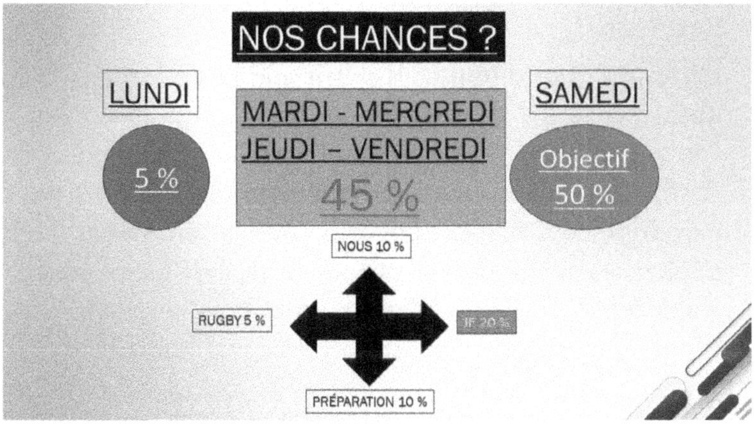

La physionomie du match a été totalement différente des prédictions journalistiques. Les Toulousains ont balbutié leur rugby en première mi-temps. Le match était serré. Antoine Dupont, facteur X du Stade Toulousain, a scellé le score par un essai à neuf minutes de la fin. L'UBB a perdu sur le score de 21 à 9.

Quels enseignements tires-tu de cette demi-finale européenne ?

Les joueurs ont eu cette croyance, ils sont rentrés dedans. Ce qui était important pour nous, c'était de réussir à mobiliser les joueurs, et de penser que c'était possible. Très vite et très tôt, il y a eu des échanges d'e-mails, il y a eu des Zooms. Très vite je me suis mis dans une position de « oui, on va le faire ! ». Quand nous nous sommes mis au vert à Montauban, j'ai réuni le conseil des sages *(équivalent au rugby d'un comité de direction en entreprise)*. Au préalable, je leur ai adressé un e-mail qui en substance disait : « J'ai besoin de partager le truc avec vous, parce que je commence à en avoir marre de lire et d'entendre qu'on ne va pas exister sur le match, que ce n'est pas la peine de jouer, j'espère que vous êtes comme moi... » Je les ai faits réfléchir. Ce que je ne pouvais pas faire collectivement, j'ai cherché (et dans l'entraînement) à le faire mentalement, pour qu'ils se projettent, qu'ils restent concentrés... On a décidé d'optimiser les entraînements, de faire plus avec moins.

C'est-à-dire ?

Le temps était compté. Il fallait aller à l'essentiel. Il a fallu optimiser le travail et être bons dans ce qu'on voulait faire. On avait quand même imaginé faire des choses différentes, des lancements nouveaux, qu'évidemment on n'a pas faits, parce que ce n'était pas possible. On n'a surtout pas doublé la fréquence des entraînements pour rattraper le temps perdu. Cela aurait été le meilleur chemin pour que les joueurs se blessent. On ne met pas deux litres d'eau dans une bouteille d'un litre !

Le match a été serré. Vous perdez sur le score de 21 à 9…
Étiez-vous déçus, fiers ou soulagés ?

C'était beaucoup de fierté, même si on pensait qu'on pouvait gagner le match. On s'était tellement préparés pour s'en persuader. Parfois on peut développer une force insoupçonnée. Et on se met aussi parfois des plafonds de verre qui nous empêchent de réaliser des choses incroyables. Là, on a montré qu'avec très peu de préparation, face à une très bonne équipe sur un match de très haut niveau, en demi-finale de la Coupe d'Europe, on a été capables de leur tenir la dragée haute.

Que retenir des propos de Christophe ?

Le sport professionnel est impitoyable. À la fin d'une saison, il n'y a qu'un champion d'Europe ; en l'occurrence le Stade Toulousain. Son nom sera inscrit au palmarès. Mais une saison chassera l'autre rapidement. Un nouveau nom s'ajoutera en 2022 à la liste des vainqueurs depuis 1995, date de création de cette compétition. Dans le sport d'élite, sans résultat, vous ne marquez ni les esprits, ni l'histoire de votre club.

Le résultat du match est une défaite. Est-ce un échec pour autant ? Oui et non. Oui car le palmarès et la notoriété se construisent sur des titres. Non car cette défaite est riche d'apprentissages pour l'avenir.

À moins d'être sportif professionnel, nous ne vivons jamais une telle pression du résultat. Et pourtant, plusieurs éléments de l'histoire de ce match sont transposables et utiles pour développer une meilleure version de soi-même.

Christophe évite le doute en acceptant la réalité. Cinq jours avant le match, il annonce à ses joueurs que leurs chances de victoire sont minces. Il partage et nomme ses doutes. Par cette démarche, il renforce (si tant est que cela soit nécessaire) le lien de confiance avec son groupe. Trop souvent, nous essayons de rendre la réalité plus belle. Se lamenter ne sert à rien mais rêver sans plan d'action conduit au cauchemar.

Ensuite, il définit une trajectoire et un plan d'action. La trajectoire est d'atteindre 50 % de chances le jour du match. Le plan d'action renvoie aux routines à mettre en œuvre pour se rassurer. Que ce soit sur un terrain de rugby ou dans nos quotidiens, nous nous sécurisons par l'action. Je pense donc je doute et je crois donc j'agis. Plutôt que « Purée, c'est dur… vais-je y arriver ? », dites-vous : « Comment faire pour… ? Et si je… ? »

Christophe soude son groupe par l'orgueil, en lui rappelant que toute la France du rugby donne l'UBB largement perdante. Il n'est pas nécessaire d'être joueur de rugby pour être orgueilleux. Le sentiment d'orgueil s'auto-active face à cette question : « Dans une situation perdue d'avance, quelle image de moi-même je renvoie si je baisse les bras ? » Il s'agit de l'image que vous renvoyez à votre entourage, mais surtout à vous-même. Vous ne pouvez pas développer votre confiance en vous en refusant de tenter des choses difficiles.

Dernier point, le slide présenté par Christophe à ses joueurs est riche d'enseignements. Pour augmenter leurs chances de 45 %, le coach bordelais n'insiste ni sur la préparation, ni sur le rugby (compétences techniques), mais sur le NOUS et le JE. Le JE représente 20 %. Même dans le rugby, sport collectif de combat, tout commence par le JE. Une grande équipe commence par des joueurs, chacun à leur meilleur niveau aux moments importants. Il en est de même dans nos quotidiens. Au cours d'une année, nous vivons tous des moments de vérité, des moments où l'enjeu est très élevé. La clé pour éviter l'échec, c'est la préparation. Si vous échouez dans votre préparation, vous vous préparez à échouer. Le moyen pour éviter l'échec, c'est de réussir. De réussir vos moments de vérité.

*

Quels sont les mécanismes, attitudes et bonnes pratiques pour faire face à ses doutes ?

Dans cette première partie, « avant l'action », nous allons vous parler de trois pièges à éviter. Puis nous vous inviterons à vous poser quatre questions :

- Que contrôlez-vous ?
- Avez-vous la niaque ?
- Quelle est votre philosophie personnelle ?
- Quelles sont vos cinq priorités ?

1

LES TROIS PIÈGES À ÉVITER

Piège 1. La surinformation fait disparaître l'avenir

Durant le premier confinement, les six principales chaînes d'information françaises (BFM TV, CNews, LCI, France Info radio et télé et France 24) ont consacré 4381 heures à la « bête à picots » pendant les huit semaines de confinement.

Jamais un sujet n'avait été autant médiatisé, aussi longtemps.

74 % du temps d'antenne sur un sujet pendant huit semaines, c'est historique ! À titre de comparaison, la mort de Jacques Chirac en septembre 2019 avait occupé un temps d'antenne équivalent… sur une journée. Non seulement les JT deviennent mono-sujet mais de surcroît leur durée s'allonge : initialement de 59 heures et 16 minutes en janvier 2020, ils duraient en moyenne 86 heures et 31 minutes en mars. Le retour à la normale s'est réalisé au mois de juillet 2020.

Fait aggravant, les réseaux sociaux ont apporté une pierre à l'édifice de notre anxiété : 40 % des internautes français déclarent avoir créé un compte sur un réseau social ou une application de messagerie instantanée pendant le confinement[1]. Nous trouvons dans les réseaux sociaux un lieu unique d'expression et d'information. Les réactions aux mesures annoncées par le gouvernement

1. Source : étude Social Life 2020, Harris Interactive.

dominent les conversations. La solidarité et l'humour sont monnaie courante dans les échanges, l'agressivité et la perplexité également.

Comme conséquence, cette surmédiatisation combinée aux « fake news » a créé une brèche du temps. En nous retrouvant cloîtrés, nos quotidiens réglés comme du papier à musique ont été supplantés par des journées inédites. Le temps objectif (il y aura toujours 24 heures dans une journée) a été remplacé par le temps subjectif, c'est-à-dire le temps ressenti. Nous n'avions ni objectif, ni cadre précis, aucune information rassurante. L'avenir ressenti se construisait au jour le jour. Une seule question nous hantait en permanence : qu'allait-il se passer ? L'incertitude de l'avenir avait tué le présent. Le futur avait disparu. Et notre capacité à nous projeter, à trouver du sens à nos actes, s'était éclipsée elle aussi.

Piège 2. La pensée positive facilite la procrastination

Il faut parfois se méfier des citations. Nous connaissons tous l'une des plus célèbres de Sénèque, reprise par de nombreux leaders dont le général de Gaulle : « Là où il y a une volonté, il y a un chemin. » À force de l'entendre à tout bout de champ, cette sentence me semble désuète. En quoi être volontaire suffirait-il pour aboutir à ses fins ?

Gabriele Oettingen, professeur de psychologie à la New York University, a rédigé plus de 150 articles sur les limites de la pensée positive. Son article de référence[1] est paru dans l'*European*

1. *When planning is not enough: Fighting unhealthy snacking habits by mental contrasting with implementation intentions (MCII).*

Journal of Social Psychology en 2010. Elle y révèle qu'un excès de pensées positives réduit nos chances d'atteindre nos objectifs.

Les pensées positives fonctionnent comme la caféine. Elles stimulent à très court terme. Physiquement, lorsqu'elles sont ressenties, elles réduisent notre pression sanguine et procurent un sentiment d'accomplissement accompagné d'un effet relaxant. Cette étape cruciale pose un problème : notre cerveau croit qu'il a déjà atteint le but rêvé. Quand vient le temps de se mettre en action, nous sommes dépossédés de l'énergie nécessaire pour agir et atteindre le but souhaité. Ce premier piège en renferme un second : celui de la procrastination – remettre au lendemain ce qui peut être fait maintenant.

Nous procrastinons lorsque l'action à accomplir nous dépasse. L'action à accomplir nous dépasse quand nous péchons par excès d'optimisme.

Depuis mars 2020, une démarche volontariste et positive est plus utile que de broyer du noir… en théorie sans doute, mais en pratique le réalisme est beaucoup plus efficace que l'optimisme. Tenter de transformer les menaces en opportunités est louable. Le faire systématiquement depuis mars 2020 et sa cohorte inépuisable de menaces ressemble à un déni de la réalité. Les trois confinements successifs nous ont tous épuisés. Au sortir de ces périodes de « montagnes russes émotionnelles », nous ne sommes pas tous au même niveau d'énergie et de ressources. Vouloir « se doper métaphoriquement au Red Bull » présente des limites sur une période aussi longue que celle que nous venons de vivre.

Piège 3. Le principe de précaution amplifie nos peurs

Nous pensons plus souvent la peur que nous ne la vivons. Nous n'en faisons que rarement l'expérience, sauf si approcher la mort fait partie de votre quotidien comme c'est le cas pour un soldat au front. Il s'agit de peurs simulées. Nous nous faisons peur par la pensée.

Nous sommes en paix depuis 1945 et pourtant, depuis une quinzaine d'années, nous nous faisons de plus en plus peur. Nous vivons au quotidien avec une nouvelle doctrine : le principe de précaution. Principe inscrit dans la constitution de la Ve République depuis 2005. L'un de ses principaux inspirateurs est Hans Jonas. Ce philosophe allemand s'est fait connaître en publiant en 1979 *Le Principe de responsabilité*[1]. Selon lui, l'humanité a une valeur inestimable et doit être préservée des dangers qui pourraient la menacer. Or, le développement technologique initié par notre espèce (génie génétique, armement, ingénierie agronomique…) peut conduire à notre élimination, et à ce titre, il doit être sévèrement encadré par des normes que Jonas offre de définir.

Quant au sociologue Gérald Bronner, il résume dans l'un de ses ouvrages[2] le principe de précaution par cette métaphore : « Le principe de précaution, c'est refuser de jouer à la roulette russe, même si le bénéfice escompté est immense, et même si le barillet du revolver comporte un million de chambres et une seule balle dans l'une d'entre elles. »

1. Traduit en français par les éditions du Cerf en 1990.
2. Gérald Bronner et Étienne Géhin, *L'Inquiétant Principe de précaution*, PUF, 2014.

Face à une situation perçue comme dangereuse, il n'est pas rare que nous cherchions à éradiquer le risque coûte que coûte, et le coût peut parfois être franchement déraisonnable, ou au moins contraire aux normes du calcul de l'espérance mathématique.

Massimo Piattelli Palmarini, enseignant/chercheur en sciences cognitives à l'université de l'Arizona, a conduit une expérience d'actualité. On demande à un panel de participants de considérer les deux situations suivantes :

- situation 1 : vous avez été exposé à une maladie rare et fatale. La probabilité de risque que vous ayez réellement contracté cette maladie est de 1 %. Quel prix seriez-vous disposé à payer pour un vaccin qui ramène ce risque à 0 % ?
- situation 2 : le problème est identique, à ceci près que la maladie a 4 % de risques de vous avoir contaminé et que le vaccin ne vous soigne pas, mais réduit ce risque à 3 %. Quel est le montant maximal que vous seriez disposé à payer pour ce vaccin ?

Dans le premier cas (élimination du risque de 1 %), la moyenne des offres est de 12 177 euros ; dans le second cas (réduction du risque de 4 à 3 %), elle est de 3 805 euros, soit trois fois moins…

Comme on le voit, la somme d'argent que les individus seraient prêts à investir pour obtenir ce vaccin est très différente selon la situation 1 ou 2. Pourtant, dans les deux cas, le vaccin réduit la probabilité de risques de contracter la maladie de 1 % seulement. La stricte rationalité conduirait l'individu à payer le même prix pour le vaccin 1 et pour le vaccin 2. Mais la première situation offre aux individus la certitude qu'ils seront épargnés, contrairement à la seconde situation. Parce qu'ils ont tendance à croire ce qu'ils craignent, les individus sont souvent disposés à payer un prix déraisonnable pour éradiquer un risque très faible.

Le principe de précaution pose un cadre collectif pour la peur. Un cadre sociologique.

En conclusion, l'aversion aux pertes et la recherche du risque zéro réduisent notre tolérance à l'incertitude. Douter accroît nos peurs et augmente notre stress.

Ce que nous vivons dans nos têtes se transmet en quelques millisecondes à notre corps, « à l'insu de notre plein gré » comme le déclarait la marionnette de Richard Virenque dans les « Guignols de l'info ».

Éviter ces trois pièges est un bon début. Mais savoir quoi ne pas faire ne vous dit pas quoi faire ! Le chapitre suivant expose donc la première question clé à se poser pour faire face aux doutes.

2

QUE CONTRÔLEZ-VOUS ?

Tout commence par vos pensées.

Avez-vous la capacité de toutes les contrôler, 24 heures sur 24 ? De les contrôler à 100 % ? Si c'est le cas, passez au chapitre suivant ! Mais c'est plutôt rare…

La pandémie nous a brutalement rappelé que nous ne pouvions pas tout contrôler. Être à son meilleur consiste à se concentrer et à maîtriser ce qui est sous notre contrôle. Le contrôle fait partie de notre cadre psychologique et de notre façon de voir le monde. C'est une compétence comportementale (*soft skill* en anglais).

Christophe Urios choisit d'agir sur ce qu'il contrôle et sur ce qui dépend de lui. Tous les champions développent cette attitude. Deux outils peuvent vous aider à faire de même.

Les quatre routines du matin

Nous vous proposons de vous entraîner au réveil, chaque matin. Avant même la lecture de vos e-mails sur votre smartphone. Cela ne vous prendra que 90 secondes.

1. Avant de sortir de votre lit, prenez une grande inspiration. Poussez votre estomac en avant, remplissez vos poumons au maximum, puis expirez le plus lentement possible. Appréciez le moment présent : vous êtes vivant. Puis adressez un message positif à votre cerveau : tout va bien. Avant d'affronter tout ce qui ne dépend pas de vous, prenez d'abord soin de vous-même.

2. Ensuite, pensez à une chose pour laquelle vous avez de la reconnaissance. Par exemple : « Je suis en pleine forme », « Je suis content de travailler pour mon entreprise », « Je suis heureux de vivre dans cette maison ».
3. À présent, ayez une intention positive pour la journée. Il ne s'agit pas de vous fixer un objectif mais de vous dire comment vous souhaitez vous comporter. Comment être aligné entre ce que vous pensez et ce que vous faites. Songez à un événement de la journée (réunion client, déjeuner) lors duquel vous souhaitez incarner cette meilleure version de vous-même. Comme le rappelait Oscar Wilde, « soyez vous-même, les autres sont déjà pris » !
4. Enfin, sortez du lit, mettez-vous debout sur vos deux pieds.

Cela peut vous paraître un peu idiot comme démarche, mais essayez-la quand même !

Du point de vue neurologique, cette routine synchronise votre cerveau sur le moment présent. Vous l'entraînez à être reconnaissant, et à savoir comment vous voulez vous comporter.

Une respiration. Un moment de gratitude. Une intention. Les pieds sur terre. Rien de plus. Rien de moins. Chaque matin.

Le cercle de contrôle

Qu'est-ce qui dépend de vous ? Qu'est-ce qui s'impose à vous ? Nous ne prenons pas suffisamment le temps de la réflexion pour faire le tri.

Christophe Urios n'essaye pas de faire changer les autres. Il sait qu'il est clivant et l'assume. Il ne se soucie pas de l'opinion des réseaux sociaux, d'autant qu'il y est peu actif. Il s'exprime sur les sujets qu'il connaît parfaitement (rugby, management et vin) et maîtrise ses relations avec les médias. Pour « maîtriser la situation », il faut s'aimer et posséder une sacrée confiance en soi pour résister au regard de l'autre. Le sujet de la confiance sera abordé dans la deuxième partie de ce livre.

Sans le savoir, par son analyse et ses actions, Christophe se comporte comme un stoïcien. Mon propos n'est pas de vous ramener à vos cours de philosophie[1]. Le meilleur résumé de ce courant de pensée renvoie à la prière de la sérénité des Alcooliques Anonymes : « Mon Dieu, donnez-moi la sérénité d'accepter les choses que je ne peux pas changer, le courage de changer celles que je peux changer et la sagesse d'en accepter la différence. »

Acceptez ce qui vous arrive et agissez sur ce qui dépend de vous.

Selon les stoïciens, le bonheur ne dépend que de nous. Nous nous en approchons en accordant de l'importance aux choses qui sont sous notre contrôle – à savoir notre propre jugement et nos émotions.

Christophe est stoïcien. Pour faire carrière dans un métier où trois défaites d'affilée peuvent vous faire virer, rien ne sert de vouloir changer le monde imparfait qui vous entoure.

Depuis que je le connais, il répète régulièrement : « Je connais l'histoire du match. Je sais comment cela va se passer. » Est-ce à dire qu'il maîtrise tout ? Non. Il ne peut deviner, par exemple, qu'un Antoine Dupont du Stade Toulousain, considéré comme l'un des meilleurs demis de mêlée du monde, transpercera la défense bordelaise en seconde mi-temps lors d'une des quatre rencontres opposant Toulousains et Bordelais. Il ne peut pas, non plus, anticiper les décisions de l'arbitre. Christophe sait ce qui dépend de lui : ses pensées, son attitude et les efforts à réaliser

1. Le fondateur du stoïcisme, Zénon de Kition, était fils de marchand. Au IVe siècle avant Jésus-Christ, ce penseur phénicien enseignait sous le « portique peint » ou *stoa Poikilè*, d'où le nom « stoïcisme ».

pour mettre en place un plan d'action. Il sait également ce qui s'impose à lui.

Dans le cadre de nos séminaires, nous utilisons le cercle de contrôle (schéma ci-après). Il aide à faire la différence entre ce qui dépend de nous et ce qui s'impose à nous. À l'origine, il est vierge de tout commentaire. Le principe est de le renseigner en répondant aux deux questions suivantes :

- Qu'est-ce qui ne dépend pas de moi ?
- Qu'est-ce qui dépend de moi ?

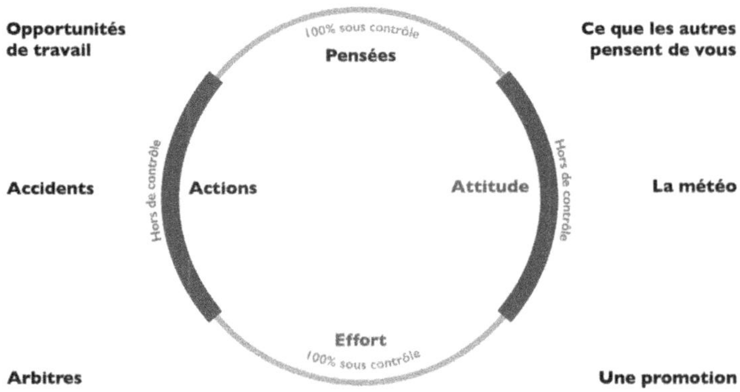

À l'extérieur du cercle : ce qui ne dépend pas de vous

Depuis vingt ans, une nouvelle contrainte extérieure est apparue. Elle impacte nos pensées et notre confiance en nous et se résume en un acronyme : FOPO pour *Fear Of Other People's Opinions*. Nous avons peur de ce que notre entourage pense de nous. L'intensité de cette émotion négative est exacerbée par les réseaux sociaux. Il n'est pas facile de s'en détacher. Nous préférons tous être aimés plutôt que détestés, mais vouloir plaire à tout le monde, c'est la certitude de ne plaire à personne, de se transformer en « robinet d'eau tiède ». La puissance du FOPO est telle qu'elle modifie nos pensées, notre attitude et nos actions. La frontière est étroite entre d'une part, accepter la critique et le feedback pour progresser, et d'autre part changer de personnage pour plaire au plus grand nombre – en perdant confiance en soi. Le pire serait d'amener les autres à changer d'avis sur nous.

J'adore une blague de mon associé Arnaud sur le thème du changement. Dès que l'occasion se présente, je la partage. Elle commence par une affirmation. Il n'y a que trois manières de faire changer les autres : la trépanation, la conversion religieuse et la thérapie freudienne à raison de trois séances par semaine pendant vingt ans. Bref, vouloir prescrire le changement ne marche pas, ou alors c'est très long ou très radical. Pour ceux et celles qui n'ont pas vu le film multi-oscarisé *Vol au-dessus d'un nid de coucou*, la prestation de Jack Nicholson en trépané vaut le détour.

À l'intérieur : ce qui dépend de vous

Vos pensées influencent votre attitude. Si vous avez peur, vous serez agressif ou taciturne. Une attitude négative ne vous aidera ni à sortir de votre zone de confort, ni à bâtir des plans d'action. À l'inverse, si vous êtes serein vous dégagerez de l'optimisme. Votre attitude fonctionne comme un carburant.

3

AVEZ-VOUS LA NIAQUE ?

Depuis plus de quinze ans, je conseille des dirigeants d'entreprises et des coachs sportifs. Je rencontre en moyenne entre 200 et 300 personnes différentes chaque année, soit sur quinze ans entre 3 000 et 4 500. La majorité d'entre eux est plutôt performante. Une minorité très performante. Une poignée, exceptionnellement performante. Les meilleurs des meilleurs sont-ils pour autant des génies ? Se considèrent-ils comme tels ? La réponse est non. Dans son ouvrage *Atteindre l'excellence*[1], Robert Greene affirme, preuves à l'appui, que les plus grands génies (Champollion, Darwin, Mozart, John Coltrane, Pelé) ont d'abord travaillé plus que leurs semblables et accepté de ne pas être au sommet de leur art du jour au lendemain. En moyenne, ils lui ont consacré entre 90 et 200 minutes par jour pendant dix-huit ans, soit entre 10 000 et 25 000 heures tout au long de leur vie.

Bien entendu, s'entraîner 24 heures sur 24 ne fera pas nécessairement de vous un champion. D'autres facteurs entrent en jeu, tels que la capacité à apprendre de ses erreurs, la concurrence ou votre biologie personnelle.

S'inspirer de génies pour trouver le meilleur de vous-même est à la fois une excellente idée et un piège. Excellente idée car les parcours de Steve Jobs, Elon Musk ou Zinédine Zidane donnent des pistes pour progresser. Piège car comparaison n'est pas raison. S'il suffisait d'appliquer à la lettre ce qu'ils pensent et ce qu'ils font pour devenir soi-même génial, cela se saurait. Le

1. Éditions Leduc, 2014.

« manuel du génie » aurait déjà été publié et son éditeur aurait fait fortune.

Mais ce que nous pouvons observer, c'est que les personnages hors du commun ont tous un point commun : une « niaque » incroyable – et une poignée d'entre eux ont une part de génie. La définition de la niaque se résume à cela : « la résolution à ne pas flancher ». Cette compétence n'est pas innée. Elle s'acquiert.

Passion et persévérance

Comment rendre concrète une notion que tout le monde comprend mais qu'on ne pense pas à mesurer ? C'est l'objet des recherches menées par Angela Duckworth, professeur de psychologie à l'université de Pennsylvanie et auteur de *L'Art de la niaque*[1].

Le point de départ de ses travaux se situe sur le campus de l'académie militaire de West Point, dans l'État de New York. Ouvert aux jeunes entre 18 et 23 ans, sans enfants, ce cursus de quatre ans forme l'élite des officiers de l'armée de terre américaine. Le processus de sélection est aussi rigoureux que celui d'une grande école. Sur les 14 000 candidats, seuls 1 200 intégreront l'école. 20 % d'entre eux abandonneront dès la première année – abandons constatés pendant les sept premières semaines d'intégration. Une journée type commence à 5 heures du matin pour se terminer à 22 heures. La sieste post-déjeuner et les massages ne font pas partie du programme… Les recrues doivent relever des défis qui les dépassent, réaliser des tâches qu'elles sont incapables de mener à bien. Qui s'en sort ? Les plus forts physiquement ? Les surdoués avec un QI supérieur à 150 ? Les plus malins ? Non.

1. Éditions JC Lattès, 2017.

Ceux qui résistent à cette sélection impitoyable possèdent deux qualités : la passion et la persévérance.

Depuis le début de la pandémie, Christophe confirme ce que j'ai identifié depuis notre première rencontre : il est passionné et persévérant. Bref, il a la niaque. Mais cette observation, forcément subjective, est-elle pertinente ? Comment évaluer l'intensité de cette niaque ?

L'échelle de la niaque

« Si vous ne pouvez pas le mesurer, vous ne pouvez pas l'améliorer. » Ce principe universel s'applique également à la niaque. Pour connaître l'intensité de votre niaque, lisez chacune des dix affirmations présentées dans le tableau ci-dessous et cochez la case qui vous correspond le mieux. Ne réfléchissez pas trop. Demandez-vous comment vous vous situez par rapport à vos proches.

Avez-vous la niaque ?

		Pas du tout d'accord	Pas vraiment d'accord	Un peu d'accord	Plutôt d'accord	Entièrement d'accord
1	De nouveaux projets ou idées détournent parfois mon attention de ceux qui m'occupaient jusque-là.					
2	Les revers ne me découragent pas. Je ne baisse pas facilement les bras.					
3	Souvent je me fixe un objectif avant d'en changer en cours de route.					
4	Je suis un gros bosseur.					
5	J'éprouve des difficultés à rester concentré pour mener à terme des projets durant plusieurs mois.					
6	Je vais au bout de tout ce que j'entreprends.					
7	Mes centres d'intérêt peuvent changer d'une année à l'autre.					
8	Je suis persévérant, je n'abandonne jamais.					
9	Il arrive qu'une idée ou un projet tourne pour moi à l'obsession durant un court laps de temps, puis je m'en désintéresse.					
10	J'ai déjà surmonté des revers pour relever un gros challenge.					

Grille de calcul des réponses

		Pas du tout d'accord	Pas vraiment d'accord	Un peu d'accord	Plutôt d'accord	Entièrement d'accord
1	De nouveaux projets ou idées détournent parfois mon attention de ceux qui m'occupaient jusque-là.	5	4	3	2	1
2	Les revers ne me découragent pas. Je ne baisse pas facilement les bras.	1	2	3	4	5
3	Souvent je me fixe un objectif avant d'en changer en cours de route.	5	4	3	2	1
4	Je suis un gros bosseur.	1	2	3	4	5
5	J'éprouve des difficultés à rester concentré pour mener à terme des projets durant plusieurs mois.	5	4	3	2	1
6	Je vais au bout de tout ce que j'entreprends.	1	2	3	4	5
7	Mes centres d'intérêt peuvent changer d'une année à l'autre.	5	4	3	2	1
8	Je suis persévérant, je n'abandonne jamais.	1	2	3	4	5
9	Il arrive qu'une idée ou un projet tourne pour moi à l'obsession durant un court laps de temps, puis je m'en désintéresse.	5	4	3	2	1
10	J'ai déjà surmonté des revers pour relever un gros challenge.	1	2	3	4	5

Pour calculer votre score de 5 (très pugnace) à 1 (pas du tout) : additionnez les chiffres des cases cochées et divisez le résultat par 10. Le tableau ci-dessous vous indiquera où vous vous situez par rapport à un panel d'Européens (par exemple, si vous avez obtenu 4,1, vous avez davantage de niaque que 70 % des répondants à ce test). Votre score reflète votre attitude au moment du test – on ne fait pas forcément preuve de la même niaque tout au long de sa vie. Rappelons qu'elle n'est pas innée, elle s'acquiert !

Centiles	Score
10 %	2,5
20 %	3,0
30 %	3,3
40 %	3,5
50 %	3,8
60 %	3,9
70 %	4,1
80 %	4,3
90 %	4,5
95 %	4,7
99 %	4,9

La somme des points liés aux affirmations impaires divisée par cinq évalue votre niveau de passion.

La somme des points liés aux affirmations paires divisée par cinq indique votre niveau de persévérance.

L'équation de la niaque se résume ainsi à : NIAQUE = PASSION + PERSÉVÉRANCE.

La passion consiste à savoir ce qui compte plus que tout pour vous. Ce qui vous tient à cœur. Vous avez un but audacieux dont la poursuite est tout aussi importante que la perspective de l'atteindre. Nourrir une passion signifie poursuivre un nombre de priorités restreint (pas plus de 5) en résistant aux envies passagères de s'en détourner. Quand vous en parlez à vos proches, la moitié d'entre eux est sceptique et pense, sans forcément vous le dire, que vous échouerez, que c'est trop gros pour vous ou trop radical. Bien évidemment, vous pensez le contraire parce que vous savez ce qui vous motive à long terme.

Être passionné, c'est savoir où aller. Vous êtes exigeant envers vous-même. Vous ne vous estimez jamais assez bon. Votre cadre de pensée est positif. Vous remplacez des questions telles que « Et si j'échoue, que va-t-il se passer ? » par « Que dois-je faire chaque jour pour me rapprocher de mon but ? ».

Le piège à éviter est de confondre priorité et objectif. Un objectif est centré sur le résultat. Une priorité est centrée sur le processus et est porteuse de sens. Votre priorité vous rappelle où vous allez. Les objectifs ne sont que des étapes pour y parvenir.

Quant à la persévérance, elle consiste à savoir ce qui est possible pour vous et à mettre en place des routines et des habitudes. Votre détermination vous aide à ne pas dévier de votre chemin. La persévérance ne se mesure pas par son intensité mais par sa permanence. Persévérer consiste à courir un marathon dont personne, vous compris, ne connaît vraiment la fin.

Le score de Christophe Urios sur l'échelle de la niaque

		Pas du tout d'accord	Pas vraiment d'accord	Un peu d'accord	Plutôt d'accord	Entièrement d'accord
1	De nouveaux projets ou idées détournent parfois mon attention de ceux qui m'occupaient jusque-là.	X				
2	Les revers ne me découragent pas. Je ne baisse pas facilement les bras.					X
3	Souvent je me fixe un objectif avant d'en changer en cours de route.	X				
4	Je suis un gros bosseur.					X
5	J'éprouve des difficultés à rester concentré pour mener à terme des projets durant plusieurs mois.	X				
6	Je vais au bout de tout ce que j'entreprends.					X
7	Mes centres d'intérêt peuvent changer d'une année à l'autre.	X				
8	Je suis persévérant, je n'abandonne jamais.					X
9	Il arrive qu'une idée ou un projet tourne pour moi à l'obsession durant un court laps de temps, puis je m'en désintéresse.		X			
10	J'ai déjà surmonté des revers pour relever un gros challenge.					X

Le score global de Christophe est de 4,9/5. Par rapport à l'échantillon, il fait partie du top 1 % (99 % des répondants à ce questionnaire déclarent avoir moins de niaque que lui). Il obtient même la note maximale sur l'item persévérance (5/5). Sur l'échelle de la passion, sa note atteint 4,8/5.

Comment transmettre sa niaque ?

La mission d'un coach professionnel, au même titre qu'un manager, est de faire progresser ses équipes. Comment donner l'envie aux autres de développer leur niaque ? Puisque c'est une compétence qui s'acquiert, par quoi commencer ?

À l'UBB, elle se matérialise par la rédaction d'un livre : *Le livre Bordeaux de l'Union.*

À chaque début de saison, mi-août, Christophe réunit sur deux jours son groupe (staff et joueurs). Sans aucune aide extérieure, quarante joueurs et vingt membres du staff identifient leur ambition, tracent le chemin et fixent les objectifs pour y parvenir.

Fin septembre, Christophe remet à l'ensemble du groupe *Le livre Bordeaux de l'Union.* Au format livre de poche, il synthétise en 55 pages l'ensemble de la production du séminaire. Structuré en trois points clés, il trace le chemin pour tout un chacun, Christophe en tête, afin de développer cette niaque.

- Point 1 – La raison d'être ou « pourquoi sommes-nous à l'UBB ? » – Cela se résume en deux phrases : « Nous voulons instaurer une culture de la gagne durable, en respectant l'histoire et en développant l'identité de l'UBB. Le but étant de s'asseoir à la table des grands et d'inspirer les générations futures. »
- Point 2 – Les valeurs ou « quels sont les liens qui nous soudent ? » – Ces valeurs sont au nombre de quatre : On ne lâche jamais, Respect, Travail, Fierté.

- Point 3 – Les objectifs ou « quelle est notre ambition collective ? » – « Notre ambition est d'être champions de France et notre objectif est de terminer dans les six premiers et d'atteindre les quarts de finale de la Coupe d'Europe. »

Gagner des matchs pour conquérir le bouclier de Brennus n'est pas l'objectif du manager général bordelais, mais une conséquence. Il veut marquer l'histoire du club. Les valeurs sont le socle de ce projet sportif. C'est parce que les joueurs désirent progresser sans cesse, ont plaisir à être ensemble, qu'ils obtiennent des résultats exceptionnels.

Le livre Bordeaux de l'Union illustre parfaitement les atouts des maîtres de la niaque, identifiés par les travaux d'Angela Duckworth. Christophe est le seul manager du Top 14 à corédiger, chaque début de saison, un livre pour son groupe. Il le fait par passion. Il est amoureux de son métier. Il y pense 24 heures sur 24 et 365 jours par an.

- **La passion naît du plaisir que procure une activité.** Sa curiosité et sa volonté de développer une meilleure version de lui-même se nourrissent des pratiques de leaders reconnus en entreprise ou dans le monde du sport.
- **Les maîtres de la niaque ont la conviction de faire quelque chose d'utile.** Quelque chose qui a du sens. Leur intérêt personnel contribue au bonheur d'autrui.
- **Les champions de la niaque sont persévérants parce qu'ils cherchent à progresser chaque jour.** Ils relèvent les défis les uns après les autres jusqu'à la parfaite maîtrise de leur art. Ils sont peu complaisants envers eux-mêmes.
- **Les champions de la niaque sont confortables avec l'inconfort.** Ils persévèrent même en cas de doute et de difficulté. Renoncer entérine la défaite alors que réessayer, encore et encore, assure le triomphe de la niaque.

Un rêve d'enfant

Frédéric Rey-Millet : Tu m'as souvent dit que tu ne pouvais pas rester sans rien faire... Le 17 mars 2020 au matin, que ressens-tu ? Que fais-tu alors qu'il n'y a rien à faire ?

Christophe Urios : Pour te répondre, il faut remonter dans le temps. Plus précisément trente-trois ans en arrière.

Il y a trente-trois ans, je termine ma formation d'œnologue et je me promets de travailler dans ce secteur d'activité. Quand je débute ma carrière de joueur, le professionnalisme n'existe pas. Au départ, je travaille pour la chambre d'agriculture de l'Aude. À Castres, je suis salarié du groupe pharmaceutique Pierre Fabre. Mes idées pour me rapprocher de mon rêve ne sont pas très précises. À l'époque, je pense à un bar à vin. Pendant trente ans, il ne se passe pas grand-chose sur ce sujet.

Tout s'accélère en 2017. Je suis à la recherche d'un domaine à reprendre dans le Minervois. J'ai grandi là-bas.

En 2018, nous réalisons une saison incroyable avec le Castres Olympique et jouons la finale au Stade de France contre Montpellier. Quelques jours plus tôt, mon frère Guillaume dînait à la maison, accompagné d'une caisse de Pépusque. Je n'en avais jamais entendu parler. Nous le goûtons ensemble et je découvre un vin d'une grande qualité. Une bonne surprise n'arrivant jamais seule, trois jours plus tard, nous devenons champions de France.

À la fin du match, je suis pris dans un tourbillon d'interviews. Un journaliste me demande : « Et maintenant, que vas-tu faire ? » Je lui réponds : « Je vais monter au sommet d'une montagne, tout seul avec une bonne bouteille de vin. » Le lendemain matin, j'ai rendez-vous au journal *L'Équipe* pour un article de fond. Le journaliste rebondit sur mon propos de la veille et m'apostrophe : « Demain matin, tu pars en Nouvelle-Zélande. Quelle bouteille de vin leur offriras-tu ? »

Je réponds : « Un Pépusque », alors que je n'en avais jamais entendu parler trois jours plus tôt. L'article de deux pages paraît le lendemain. Évidemment, il fait référence au Pépusque. Lorsque j'annonce l'acquisition de Pépusque en juin 2020, le même journaliste m'appelle et me dit : « Tu t'es bien fichu de moi en 2018 ! » J'ai essayé de le convaincre qu'en 2018, je ne savais pas où était Pépusque. Je ne suis pas sûr qu'il m'ait cru.
C'est par hasard, en décembre 2019, que je rentre en contact avec le propriétaire de Pépusque. Avant que je me rende sur place, mon frère tente de m'expliquer où se situe le domaine dans Pépieux *(commune de 1 100 habitants située dans l'Aude, où Christophe a grandi)*. Sans succès. En visitant la cave, les souvenirs me reviennent en un instant. Lors de notre installation dans la région en 1970, mon père avait travaillé en tant que régisseur pour Pépusque. Tous mes souvenirs de gamin « m'explosent à la gueule »… Le soir, quand j'étais enfant, cet endroit était mon terrain de jeu !
Tous ces signes… je me suis dit que Pépusque était pour moi ! La pandémie arrive. J'ai du temps. Je me dis que c'est le moment d'accélérer sur ce projet qui me tient à cœur depuis trente-trois ans. C'est devenu une priorité. J'ai été déraisonnable… mais si je raisonne, je n'y vais pas ou du moins, je prends mon temps.

Pourquoi était-ce un projet déraisonnable ?

Tout était à l'arrêt. Nous n'avions aucune perspective de redémarrage économique. On parle d'investissement conséquent (plusieurs millions d'euros). C'est un métier que je n'ai jamais exercé. Pépieux est à quatre heures de route de Bordeaux. Je ne pourrai pas y faire un tour à la fin de l'entraînement, rester une heure et repartir à Bordeaux. Cerise sur le gâteau, j'embauche mes deux frères et mon épouse qui démarrent dans le métier.

Pourquoi se presser ? J'aurais pu attendre six mois, un an ou au moins la fin des vendanges. J'aurais dû discuter « le bout de gras ». Ce n'est pas mon truc. En attendant, j'aurais acheté le domaine beaucoup moins cher. Non pas qu'il était trop cher, mais la poursuite de la pandémie aurait fait baisser le prix. Mais je n'ai pas de regrets. Je n'ai pas raisonné comme cela. C'était le moment. J'avais du temps. Et, en fin de compte, la vraie raison est ailleurs. Les anciens propriétaires ont travaillé d'arrache-pied toute leur vie. Par respect du travail réalisé, parce que j'ai été éduqué comme cela, je n'ai pas négocié.
Entraîneur d'une équipe professionnelle, c'est un job à 100 %. Et pourtant, en vieillissant, je me rajoute des couches. Plus je me rajoute des couches, meilleur je suis ! En plus de Pépusque, on écrit ce bouquin. On fait des conférences et des formations ensemble. Aujourd'hui, si je n'avais que le rugby, je me ferais ch… C'est incroyable de dire cela ! Je m'interroge. Comment est-ce que je faisais avant ? Et encore, je ne te dis pas tous les projets qui me trottent en tête. J'ai envie d'acheter un autre domaine, un hôtel, un restaurant.

Comment expliques-tu ce changement ? De quand date-t-il ?

Le point de bascule, c'est le 17 mars, donc la Covid. Cela m'a fait accélérer. Si demain tout s'arrête… Je n'ai pas pensé à la mort ou à la maladie à titre personnel, mais j'ai eu peur pour ma famille. Au début, tu sortais de chez toi et tu pensais que tu allais te faire attaquer par le virus. Cette situation aurait pu m'inquiéter. En fin de compte, c'est l'inverse. J'ai découvert un potentiel chez moi que je n'imaginais pas. Tant que je gagne, je joue, et j'ai surtout envie de jouer.

Ce n'est pas un peu fatigant ou inquiétant pour tes proches, cette boulimie d'activité ?

Si, forcément. Cela stresse mon épouse Isabelle, mais je l'écoute. Elle est de bon conseil. Elle me pondère. J'aurais tendance à dépenser ce que je n'ai pas. Elle me calme sur ce point.

Travailler en famille, ce n'est pas un peu risqué ?

Travailler avec son conjoint, c'est dur. On m'avait pourtant prévenu. Au début, on s'est engueulés sec. Heureusement que nous ne sommes ni l'un ni l'autre rancuniers. Mes deux frères ont rejoint le projet Pépusque. Ils n'étaient pas issus du secteur du vin. D'aucuns m'ont dit : « Avec ton nom et ta notoriété, c'est facile. » Rien ne prédisposait le rustique taiseux que j'étais à devenir ce que je suis. Je n'ai pas trouvé mieux que le travail pour réduire les risques. Je suis persévérant. Je ne triche jamais. Je fais toujours ce que je dis. J'ai un nombre limité de passions : le rugby, le management et le vin. J'y pense tout le temps. Ce sont de véritables obsessions.

La patience n'est pas mon fort. Cela ne va jamais assez vite pour moi. Malheureusement, le monde du vin est un monde de patience. Cet épisode Covid m'a ouvert les yeux sur un potentiel que je n'exploitais pas suffisamment. J'assume mon impatience et j'accélère *(rires)*.

J'entendais hier un restaurateur interviewé par une radio nationale. Son quotidien est très, très compliqué. Le pass sanitaire est en vigueur pour accéder à son établissement. Alors, il a préféré le fermer. Je ne comprends pas. Baisser les bras, se dire que c'est dur n'a jamais rendu les choses plus faciles. Plus c'est dur, plus cela m'excite. L'UBB ne s'est jamais qualifiée pour les phases finales, on va le faire !

Comment expliques-tu cette accélération ?

Mon âge *(Christophe aura 56 ans en décembre 2021)*. Mon temps est compté. Je ne veux pas traîner en route. Même si l'exemple de Bernard Magrez me donne envie de ne pas m'arrêter avant au moins trente ans… Je suis également très

admiratif de Richard Branson[1]. Il prend des risques insensés pour vivre son rêve d'enfant. Cela me fascine et m'inspire. Comme l'explorateur Mike Horn. Cela semble inutile et pourtant ils se lancent des défis incroyables. Leur démarche me renforce dans mes convictions. Je n'ai pas peur. Je suis en éveil de tout.
Il y a une autre raison à cette accélération : je veux laisser une trace, une marque avec Château Pépusque. J'ai lancé des pistes pour racheter un second domaine. Plus petit (5 à 6 hectares), avec un lieu de vie pour recevoir des clients, pour organiser des séminaires de management et m'y installer à la fin de ma carrière d'entraîneur.

1. Le 11 juillet 2021, le milliardaire britannique qui rêvait d'espace depuis son enfance a participé au premier vol suborbital du SpaceShipTwo avec un équipage au complet. L'engin a volé à plus de 85 kilomètres d'altitude et le vol a duré plus de 70 minutes. Richard Branson a pour ambition de proposer des vols commerciaux dans l'espace dès 2022.

4

QUELLE EST VOTRE PHILOSOPHIE PERSONNELLE ?

Christophe et moi-même pensons que le chemin prime sur la volonté. Ces deux notions sont essentielles, mais il y a un ordre. Le chemin est premier et la volonté seconde. Une volonté sans chemin ne sert à rien – cela consomme du temps et de l'énergie dans un but incertain. À l'inverse, savoir quel chemin suivre sans réaliser le premier pas renvoie à une citation d'Edison : « Une vision sans action n'est qu'une hallucination. »

Fin 2008, j'aurais bien aimé être au clair sur ma philosophie personnelle. La crise des subprimes avait malmené l'entreprise que je dirige depuis 2006. Nos fonds propres étaient proches de zéro et par la même occasion, ma confiance en moi se rapprochait dangereusement du niveau desdits fonds propres. Je tournais en rond. J'avais besoin d'aide. D'aide de la part d'un coach et thérapeute. Nous avons commencé nos séances par l'estime de soi. Après quelques séances apaisantes, mon coach m'a posé cette simple question : *Quelle est ta philosophie personnelle ?*

Surpris par la question, j'ai tenté une première réponse, incertaine et embrouillée. Je me suis retrouvé dans la peau de Petit Scarabée, le personnage principal de la série télévisée *Kung-Fu*.

Dans le cadre de son parcours initiatique, Petit Scarabée doit attraper une pierre dans la paume de la main de son maître, Master Po. Précision importante : le maître est aveugle. Systématiquement, Petit Scarabée échoue.

Comme lui, je me suis senti dans la peau du novice… la sagesse taoïste en moins. J'étais incapable de répondre à une question *a priori* aussi simple que d'attraper une pierre au creux d'une main.

Difficile de faire face à ses doutes sans introspection. La découverte de soi commence par la prise de conscience de nos schémas de pensée. Schémas de pensée qui impactent notre performance.

Votre manière de penser détermine la façon dont vous agissez. Réfléchir à votre philosophie personnelle, définir votre vision et connaître vos forces et vos angles morts est essentiel pour améliorer votre prise de conscience.

Une philosophie personnelle est une déclaration qui se résume en une phrase de quelques mots. Elle est unique. Elle est le socle des principes de vie qui vous guident.

La philosophie personnelle de Christophe

Frédéric Rey-Millet : Quelle est ta philosophie personnelle ?

Christophe Urios : Être meilleur ne s'arrête jamais. Marquer l'histoire, c'est-à-dire laisser une trace. Je te donne un exemple : la semaine dernière, j'ai adressé un e-mail aux joueurs…

Ils sont quand même en vacances, tu ne peux pas les laisser tranquilles ?

Moi aussi, je suis en vacances ! C'est juste un premier coup de klaxon *(rires)*. Le titre de mon message était « Reprise ». Il contenait deux messages clés : « Soyez en bonne forme dès le début. Notre préparation sera courte et intense. » Je les ai accompagnés d'une citation : « Le prix de la discipline est toujours moins élevé que la douleur du revers. » Ensuite, j'ai partagé trois réflexions d'été que j'aborderai avec eux : « Soyez un héros. Portez des chaussures cirées. Laissez votre marque. » Volontairement je n'en ai pas dit plus.

Des joueurs ont-ils répondu à cet e-mail ?

Non.

Revenons à ta philosophie personnelle. Marquer l'histoire, ce n'est pas un peu prétentieux ?

Les personnes qui m'inspirent sont engagées (Nelson Mandela, Jürgen Klopp l'entraîneur de Liverpool, Elon Musk, Richard Branson). Les gens qui veulent changer le monde me passionnent. Marquer l'histoire, c'est faire en sorte que les gens se rappellent ce que tu as fait. Laisser une trace. Arsène Wenger disait : « Quand vous partez, en regardant dans le rétroviseur, que laissez-vous derrière vous ? » À Oyonnax, j'ai laissé une trace. À Bordeaux, j'ai déjà laissé une trace avec trois demi-finales. Je cherche à devenir meilleur pour laisser une trace. Pour y arriver, il faut tenter des choses difficiles, ne pas faire comme tout le monde, surprendre, changer les habitudes, bousculer. Cette posture de rebelle est difficile à porter. Il faut accepter de ne pas faire l'unanimité, d'être clivant, d'être critiqué.

C'est un problème pour toi ?

Ça l'a été, mais plus maintenant. J'aime et j'assume de faire différemment. De diviser.

Quel est ton rêve absolu ? Devenir champion du monde face aux All Blacks ?

Non, mon kiff absolu serait d'avoir un vin Pépusque champion du monde ! Si cela arrive, cette réussite m'appartiendra. J'aimerais entraîner l'équipe de France mais cela ne dépend pas de moi. Cela serait manquer d'humilité que de réclamer l'équipe de France. Elle vient à toi ou pas.

« Être meilleur ne s'arrête jamais » est une philosophie de vie exigeante. Quels sont les principes qui guident ton action ?

Faire ce que je dis et inspirer ceux qui m'entourent. Peu de gens se tiennent à faire ce qu'ils disent. Il y a beaucoup de «joueurs de flûte».

Pourquoi est-ce si difficile d'agir en cohérence avec ses intentions ?

Parce que c'est une hygiène de vie quotidienne qui nécessite une grande exigence. Cela repose sur trois piliers: courage, travail, préparation. Je vais te donner un exemple. À un moment de ma carrière d'entraîneur, à la suite d'une série de bons résultats, le président de mon club de l'époque m'a promis une prime exceptionnelle. C'était une carotte pour me faire prolonger mon contrat. Quand j'ai reçu mon bulletin de salaire, pas de prime…

En as-tu parlé au président ?

Non, et je n'ai même pas gardé l'e-mail de confirmation de cette prime. Cela a joué dans mon refus de signer ma prolongation de contrat. Je ne fonctionne pas comme cela. Après faire ce que l'on dit, mon second principe de vie c'est: inspirer. Être meilleur ne s'arrête jamais, ce n'est pas qu'une démarche individualiste. Surtout dans un sport collectif comme le rugby. J'aime convaincre et convertir mon entourage à cette philosophie. Cela me rend fier. Voici un exemple: Honda est un de mes sponsors personnels. J'ai un véhicule de cette marque à ma disposition. Il y a quelques semaines, je rends le véhicule. Le concessionnaire m'appelle pour me dire qu'il manque le volet arrière du coffre. Je l'avais enlevé pour remplir le coffre de Château Pépusque. Je lui promets de passer avant la fin de la semaine pour lui rendre la pièce manquante. Mardi passe. Mercredi, jeudi, vendredi… j'ai passé deux heures dans les embouteillages pour tenir ma promesse. Faire autrement, c'était impossible et contraire à ma philosophie de vie.

Quels sont les cinq mots qui te décrivent le mieux ?

Authentique, fidèle à moi-même, travailleur, leader et visionnaire. Peu m'importe de plaire à tout le monde. Je serai critiqué et cela ne pose pas de problème. Plusieurs de mes meilleurs amis me disent : « Tu ne veux pas arrêter, fermer ta g… Tu n'arrêtes pas de te faire tailler ! » Je m'en fiche. Je ne lis pas les critiques. Marquer l'histoire, c'est dire et faire des choses différentes. Tout le temps.

Comment faire pour que cette exigence perpétuelle ne soit pas insupportable pour tes adjoints ?

Par la convivialité. Par la célébration. À Castres, tous les jeudis soir, j'invitais et payais de ma poche un dîner avec mon staff. Je ne l'ai pas assez fait depuis mon arrivée à Bordeaux, les différents confinements n'ont pas aidé.

Si ton meilleur ami devait te résumer en une phrase, que dirait-il ?

Un mec qui n'a pas changé. En revanche, quelle évolution ! J'ai gardé mes amis d'enfance. Je ne pense pas avoir pris la grosse tête et l'évolution, cela renvoie au début du livre : du rustique au rebelle. On m'aurait dit, il y a trente ans, que j'en serais là où j'en suis, je ne l'aurais pas cru. Je trouve cela incroyable. Si moi, j'ai réussi, d'autres peuvent le faire. Rien ne me prédestinait à ce parcours. C'est d'abord une affaire de volonté puis de rencontres. La clé pour être compétiteur, c'est la volonté ou plutôt, c'est le 1 % de volonté de plus que les autres.
En primaire, nos instituteurs organisaient des tournois de foot. Un jour, on prend 8 à 0. Mes parents me demandent comment s'est passée ma journée d'école. Je réponds : « Très mal. On a perdu 8 à 0. » Ma mère me dit : « Il ne devait pas être fameux le gardien de but… » Le gardien de but, c'était moi. Je me suis effondré. J'étais en pleurs.
Adolescent, un été à Pépieux, la commune souhaite rénover les terrains de tennis. Une entreprise de travaux publics est

mandatée. Elle cherche des bras. Avec ma bande de copains, pour gagner quatre sous, nous nous proposons. C'est un travail de titans. L'entreprise n'est pas du tout prête, pas équipée. J'avais des ampoules partout. Le matin, je n'arrivais plus à fermer les mains. Un à un, tous mes potes ont arrêté sauf moi. Je suis allé au bout. Le patron m'a proposé de continuer sur d'autres chantiers, le reste de l'été. J'ai donné ma paye à mes parents. On était dans le dur à ce moment-là.

La semaine prochaine, quelles actions as-tu prévu de mener pour être en adéquation avec ta philosophie personnelle ?

Tout d'abord, intégrer les nouveaux. Ensuite, se féliciter de notre magnifique dernière saison et améliorer nos relations au sein du staff.

Sur ce dernier point, tu penses à quoi ?

Certains dans le staff vivent mal la critique, la prennent à titre personnel.

Trouver sa philosophie personnelle, étape par étape

Trouver sa philosophie personnelle est un long voyage. Un voyage vers la découverte de soi-même. Toute démarche introspective prend du temps. Être au clair sur ce qui compte pour vous ne se détermine pas sur le coin d'une table, en 10 minutes, entre deux rendez-vous.

Identifier votre philosophie personnelle donnera un cadre à vos actions. C'est parce que vous serez au clair sur ce qui vous aide à vous lever chaque matin, sur les principes qui vous guident quotidiennement, que vous développerez une meilleure version de vous-même.

Cela se construit étape par étape.

1. **Commencez par penser aux personnes que vous admirez.**

Qui sont-elles ? Qu'est-ce qui les caractérise ? Comment se comportent-elles ? De votre point de vue, quels sont les principes qui guident leurs actions au quotidien ? L'idée n'est pas de les copier mais de vous inspirer de ce que vous aimez chez elles. Écrivez quelques principes ou citations qui ont contribué à façonner votre vision du monde avant de passer à l'étape suivante.

2. **Listez vos vingt-cinq mots préférés.**

Ceux que vous aimez le mieux. Ceux qui décrivent qui vous êtes. Vérifiez que chaque mot ou chaque expression vous semble authentique. Peu importe si ce n'est qu'une succession de mots. Peu importe si ce n'est pas (encore) cohérent. Peu importe si ces principes sont déjà portés par d'autres personnes que vous connaissez ou qui vous inspirent. Le point-clé est de nommer ce que vous pensez être important pour vous. Revisitez à plusieurs reprises cette liste. Au fil du temps, certains mots ou expressions perdront du sens, supprimez-les de la liste.

3. **Réduisez cette liste à cinq ou trois mots et faites-en une phrase.**

Plus votre pensée est claire, plus le chemin s'éclaire. Challengez-la auprès de vos proches. Auprès de personnes qui savent comment vous fonctionnez. Demandez de l'aide à ceux qui vous connaissent parfaitement. Il n'est pas impossible qu'ils vous amènent à découvrir des choses sur vous-même que vous ignoriez.

Poser cette phrase par écrit accélère le processus de découverte de soi et apporte de la clarté. Considérez-la comme un cadre ou une boussole aux moments-clés. Quand vous êtes sous pression, vous remémorer votre philosophie vous aidera à franchir les périodes difficiles.

N'hésitez pas à la prononcer à haute voix. Cherchez une musicalité à vos mots. Est-ce harmonieux comme une chanson ou un poème ? En les prononçant à haute voix, vous vérifiez que ces mots touchent autant votre tête que votre cœur et vos tripes.

4. **Vérifiez si votre philosophie personnelle suscite en vous des émotions positives.**

L'étymologie du mot « émotion » remonte à 1579, lorsqu'il a été adapté du verbe *émouvoir*, qui signifie « remuer ». C'est parce que votre philosophie personnelle vous remue que vous serez motivé pour passer à l'action.

Une philosophie personnelle se partage avec ses proches. Nous ne sommes pas toujours très objectifs lorsqu'il s'agit de nous auto-analyser.

5. **La dernière étape est essentielle. Dans la semaine qui suit la formalisation de votre philosophie personnelle, que ferez-vous pour aligner cette philosophie avec vos actes ?**

Identifiez des actions ou gestes simples qui la concrétisent.

L'idée est d'atteindre une cohérence entre vos pensées, vos mots et vos actions. En toutes circonstances. Du 1er janvier au 31 décembre.

5

QUELLES SONT VOS CINQ PRIORITÉS ?

Une légende raconte qu'un jour, le fameux investisseur Warren Buffett discutait avec le pilote de son jet privé, qui lui parlait de sa difficulté à atteindre les objectifs qu'il se fixait. L'homme d'affaires lui proposa alors une démarche en trois temps, dont nous allons nous inspirer ici.

Identifiez vos priorités

Tout d'abord, écrivez la liste des vingt-cinq priorités que vous vous fixez pour le reste de votre vie.

Vous risquez de vous trouver face à plusieurs écueils. Votre liste comprend plus de vingt-cinq priorités, comment la raccourcir ? Ou à l'inverse, elle en contient à peine trois, comment la rallonger ? Plusieurs d'entre elles sont antinomiques : comment trouver le bon équilibre entre vie personnelle et vie professionnelle ? Comment consacrer du temps à votre famille en passant douze heures par jour au bureau ? Comment concilier tout et son contraire ?

En priorisant vos priorités !

Par exemple, les causeries d'avant-match de Christophe démarrent toujours à l'heure. Pourquoi ? Parce que la ponctualité est essentielle pour lui. Pourquoi ? Parce qu'elle témoigne d'un respect de soi-même, de l'équipe et du staff. « Faire ce que l'on dit et dire ce que l'on fait. » Pourquoi ? Parce qu'il se soucie des autres. Parce que la solidarité se matérialise par des gestes quotidiens *a priori* sans importance (est-il si grave d'arriver avec une minute de retard ?). Pourquoi ? Parce que le rugby est un sport de combat et qu'il vaut mieux avoir confiance en soi, se respecter pour bâtir une relation de confiance. Pourquoi est-ce important de bâtir une relation de confiance ? Parce que. Point final.

Au bout d'un moment, vous épuiserez tous vos « pourquoi ». Bonne nouvelle : cela signifie que vous avez mis le doigt sur une de vos cinq priorités. Vous avez trouvé la boussole qui donne leur sens à des actions quotidiennes.

En affinant vos priorités, vous les polissez. Comme un tailleur de diamant transforme une pierre à l'état brut en un superbe bijou. L'utilisation du « pourquoi » facilite le tri entre les priorités et vous permet de monter au sommet de la pyramide, d'identifier la priorité dont découlent toutes les autres.

Il est vraisemblable que vos vingt-cinq priorités se hiérarchiseront les unes par rapport aux autres, sur le même principe que des poupées gigognes qui s'emboîtent. Votre liste se réduira, mais il vous restera peut-être encore plus de cinq priorités.

Réduisez la liste à cinq

Décider c'est renoncer, mais c'est surtout préférer.

Dans cette liste encore trop longue, choisissez vos cinq priorités préférées. Elles constitueront votre première liste. Celle qui contient les sujets-clés de votre vie.

La seconde liste, le reste… qu'en faire ? Oubliez-la à tout prix. Ne la regardez même pas ! Elle vous détournerait de la première liste.

En vous concentrant sur peu de points, vous résistez à la tentation de vouloir trop en faire ou de faire les choses à moitié. Vous

vous évitez d'inévitables frustrations. En choisissant un nombre restreint de priorités, vous vous focalisez sur l'essentiel ; sur ce qui compte pour vous et non pas ce que les autres projettent sur vous.

Chaque priorité doit correspondre à une chose que vous aimeriez réaliser. Quelque chose qui représente un défi pour vous. Au moins l'une d'entre elles doit être personnelle et donc non professionnelle.

La formulation de vos priorités se veut large : elle indique une direction générale plutôt qu'un objectif précis. Elle reflète ce qui vous donne envie d'avancer.

Priorisez vos priorités

Pour faciliter votre réflexion, utilisez l'étoile des cinq priorités ci-après.

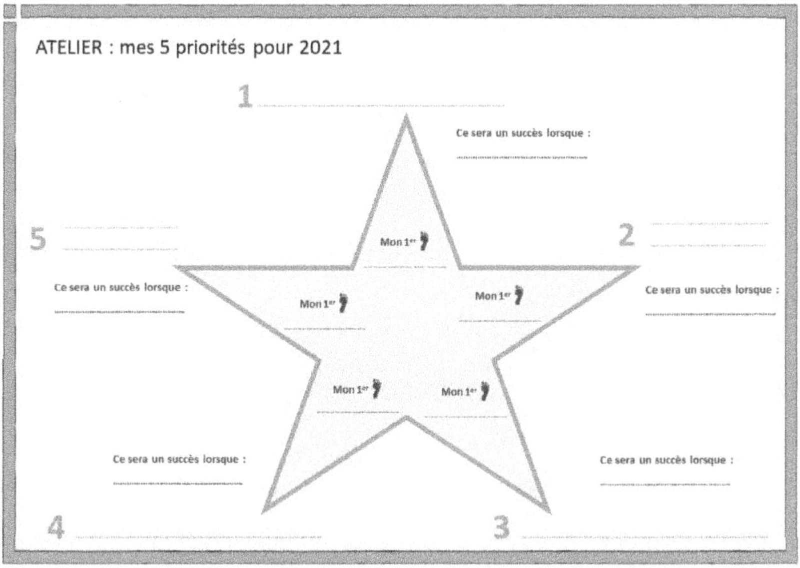

Pour prioriser vos priorités, posez-vous deux questions :

- Sur une échelle de 1 à 10, à combien évaluez-vous l'importance de cette priorité ?
- Sur une échelle de 1 à 10, à combien évaluez-vous la facilité de mise en œuvre de cette priorité ?

Puis multipliez les deux notes obtenues. Vous obtiendrez un score sur une base 100.

Imaginons qu'une de vos priorités soit de devenir coach professionnel d'une équipe de rugby. C'est très important pour vous. Vous répondez 9/10. Est-ce facile à mettre en œuvre ? Vous n'avez aucun diplôme d'entraîneur. Vous n'avez jamais joué en pro. Vous n'avez pas de carnet d'adresses pour vous aider. Dernier point : vous n'avez pas identifié les premières actions concrètes à mettre en œuvre sous un mois. Si vous faites preuve de lucidité, votre note sur l'échelle de la facilité de mise en œuvre ne dépassera pas 1/10. Votre score sera donc de 9 ' 1 soit 9/100.

Si à l'inverse : vous faites déjà partie du staff technique de Christophe et qu'à terme, vous souhaitez devenir coach principal ; vous possédez les diplômes adéquats ; vous avez de l'expérience et travaillez avec un entraîneur reconnu compétent. Alors vous êtes en droit de répondre 8/10. Votre score sera donc 8 ' 9 soit 72/100.

L'intérêt de cette démarche est de prioriser vos priorités. De leur faire passer un test de lucidité.

Pour chaque priorité, répondez à la question : « Ce sera un succès si... »

Soyez précis et concret.

Exemples : « si... je cours 12 kilomètres en une heure », « si... mes collaborateurs animent eux-mêmes les réunions d'équipe, s'entraident et se font des feedbacks», «si... le projet Z est finalisé dans les délais avec une marge opérationnelle de 10%».

Remarque pour le dernier exemple : méfiez-vous tout de même des déclarations qui pourraient voler en éclats du fait d'aléas externes !

Pour chaque priorité, identifiez votre premier pas

Si l'on reprend l'exemple de l'objectif des 12 kilomètres en une heure, le premier pas sera de planifier vos routines d'entraînement. De noter chaque semaine dans votre agenda une plage horaire pour vous entraîner. Puis au bout de trois mois, deux plages de deux heures hebdomadaires et ainsi de suite jusqu'à atteindre l'objectif fixé.

Trois points de vigilance

Soyez patient

Définir ses priorités est un exercice difficile. Impossible de le faire bien du premier coup. Se rapprocher de la perfection prend du temps. Bill Gates, dans une de ses récentes interventions, disait : « On surestime ce que l'on peut faire à un an. On sous-estime ce que l'on peut faire à dix ans. »

Gardez 5 à 10 % pour des sujets non prioritaires

Nous avons tous des sujets qui s'imposent à nous : les obligations quotidiennes minimales. Ce sont des tâches qui n'ont pas forcément de valeur ajoutée ni grand-chose à voir avec nos cinq priorités (tâches ménagères, déclaration d'impôts, test PCR, etc.). Si ces tâches non prioritaires accaparent la moitié de votre temps, vous avez un problème. Soit vous devrez modifier vos priorités, soit vous devrez dire non plus souvent à ceux qui vous sollicitent sur ces sujets. Le refus est d'autant plus difficile que la personne à convaincre, c'est vous-même.

Débarrassez-vous de l'inutile mais restez lucide. On ne peut pas éviter tout ce qui nous casse les pieds !

Je pense donc je doute

Dans le cadre de l'écriture de cet ouvrage, un échange avec Pierre-Marie Lledo[1] insiste sur l'omniprésence de l'incertitude.

Il existe des îlots, des archipels de certitude, mais l'essentiel de notre vie peut être comparé à un océan d'incertitudes (l'amour, la mort, notre futur professionnel sont des point sur lesquels nous n'exerçons aucun contrôle). Le biotope de l'humanité est l'incertitude et non pas la certitude.

L'outil le plus efficace pour lutter contre l'incertitude reste la confiance. Il existe une confiance en soi, une confiance en l'autre, et une confiance au monde (en la vie). Toute confiance s'articule sur ces trois niveaux. (La confiance sera l'objet de la prochaine partie.)

Voilà, c'est fini

Le 1er mars 2020, l'UBB joue contre le Castres Olympique. Au terme d'un match tendu et indécis, les Bordelais l'emportent 26 à 24. Ils caracolent en tête du championnat avec sept points d'avance sur le second et vingt et un points d'écart sur le Stade Toulousain, champion de France en titre.

Pour mémoire, le championnat de rugby réunit quatorze équipes et se déroule en deux phases : une phase dite de

1. Pierre-Marie Lledo dirige le laboratoire de recherche Perception et Mémoire, et le département de neurosciences de l'Institut Pasteur ainsi que le laboratoire de recherche Gènes et Conscience du CNRS.

qualification, qui est disputée par toutes les équipes, et une phase finale regroupant les six meilleurs clubs de la phase de qualification, qui se joue par élimination directe. Depuis la saison 2017/2018, le dernier de cette phase qualificative est relégué en Pro D2 et remplacé par l'équipe gagnante de la finale de Pro D2 ; l'avant-dernier joue son maintien par un match de barrage face à l'autre finaliste de Pro D2 lors de l'Access Match.

Le 2 mars, il reste neuf journées de championnat avant les phases finales. Phases finales auxquelles les Bordelais n'ont jamais participé. Cette saison promet d'être incroyable. Elle le sera, mais pour une tout autre raison.

Le 16 mars 2020, tout s'arrête pour quinze jours. Qu'à cela ne tienne, le confinement améliorera la situation et dans le pire des cas, les clubs du Top 14 espèrent une reprise du championnat en mai.

Le 29 avril, veille de l'annonce par la ministre des Sports, Roxana Maracineanu, Christophe apprend que la Fédération française de rugby (FFR) et la Ligue nationale de rugby (LNR) officialisent la fin d'une saison 2019/2020. Cette décision est unique. Durant la Première et la Seconde Guerre mondiale, les compétitions avaient été suspendues, mais depuis sa création en 1892, il n'est jamais arrivé qu'un titre de champion ne soit pas attribué, dès lors que le championnat avait débuté.

Frédéric Rey-Millet : Le 29 avril, tu apprends la fin du championnat. Comment réagis-tu ? Que ressens-tu ?

Christophe Urios : Je visite le domaine dans le Minervois que j'achèterai deux mois plus tard. Je suis avec Joao, ouvrier agricole. Le président de l'UBB, Laurent Marti, m'appelle pour me dire que tout est fini… Un vrai coup de massue… Nous avions tous espoir que le championnat reprenne. Il y avait eu beaucoup de propositions, du type « reprendre au stade des demi-finales ». C'est difficile à digérer. J'en veux à la terre entière et notamment à certains du monde du rugby qui sont en situation difficile, et bien contents que leur saison s'arrête…

J'ai l'impression que « difficile à digérer », cela te prend 10 minutes ?

(Pause et sourire.) Oui. Je passe vite à autre chose. J'étais convaincu qu'on allait reprendre même si j'avais une petite lumière rouge avec la pandémie. La situation était grave. Cet arrêt c'était terrible, mais rapidement, comme chaque fois, la colère monte et je cherche des solutions pour repartir au combat. J'envoie aussitôt un e-mail au staff et aux joueurs pour annoncer la nouvelle. On pose avec le staff un plan pour la reprise.
Très rapidement j'ai basculé sur l'après : Vacances – Plan de travail – Intersaison à trois mois – Évolution du projet sur les trois prochaines saisons.
Nous continuons la visite du vignoble mais elle est beaucoup plus fade. Nous sommes en toute fin de matinée. Je déjeune avec l'équipe du domaine. Mon portable sonne. C'est Patrick Manducher, le frère de l'ancien président du club de rugby d'Oyonnax, Marco Manducher. *(Christophe a entraîné huit saisons cette équipe et entretenait une relation d'amitié avec ce dernier.)* Je connais bien Patrick mais il ne m'appelle jamais. Je savais que Marco était hospitalisé depuis un mois. Que cela n'allait pas bien. Sa santé était fragile. La Covid a aggravé sa situation. Je savais pourquoi il m'appelait. Il m'annonce le décès de son frère. Mon sang n'a fait qu'un tour. C'était vraiment une sale journée et le décès de mon ami était bien plus important que l'arrêt du championnat.

La vraie mauvaise nouvelle de la journée, c'était celle-ci ?

Oui.

Tu as mis du temps à la digérer ?

En fin de compte, non… je ne fonctionne pas comme cela. Je ne tiens jamais de discours larmoyants. Gamin, j'étais comme ça et plus j'avance dans la vie plus je suis comme ça.

Comment expliques-tu cela ?

Je ne veux pas perdre de temps. Je trouve que j'en ai trop perdu dans ma vie. Dans mon fonctionnement. Dans ma façon d'être. Je me suis mis des barrières. J'ai été un peu c… C'est certainement lié à mon éducation. Au manque de confiance en moi. À mon manque d'estime. Là, aujourd'hui, je n'ai plus du tout envie de fonctionner comme cela. Ce qui me rend plus serein. Plus lisible. Plus authentique. Je me simplifie la vie. Plus j'avance dans ma vie, plus c'est marqué. Parce que je veux profiter. Profiter et développer. Le choix de Bordeaux va dans ce sens.

Tu peux préciser ta pensée ?

Pourquoi est-ce que je décide d'aller à Bordeaux ? J'avais tout pour être heureux à Castres. Un contrat de trois ans me tend les bras en juillet 2018. Nous venons de remporter le titre de champion de France. Je connais par cœur Castres. Je suis dans ma zone de confort. Pourquoi changer alors que tout va bien dans le meilleur des mondes ? Parce que c'est la routine. Depuis son retour dans l'élite, le club de Bordeaux ne s'est jamais qualifié pour les phases finales. Ce type de défi m'excite. Je me rappelle très bien le moment où j'ai annoncé mon départ pour Bordeaux. Les joueurs castrais ont été très surpris. Ils étaient convaincus que j'allais entraîner l'équipe de France. J'ai vu dans leurs yeux une forme d'incompréhension. J'ai eu des remarques du style : « Mais qu'est-ce que tu vas faire à Bordeaux, ils ne gagnent pas ! », « Cette équipe n'a pas de caractère », « Ils parlent beaucoup mais ne font rien », etc. En fin de compte, je leur répondais toujours la même chose : *Raison de plus*. J'ai besoin de ça. C'est mon moteur principal.

Est-ce que l'arrêt du championnat a été ta plus mauvaise nouvelle en tant qu'entraîneur (celle qui t'a le plus touché) ?

Non, parce que je n'ai pas d'impact sur la situation. C'est un élément extérieur qui s'impose à tous et donc à moi. Qu'est-ce que je peux y faire ? Ma plus mauvaise nouvelle renvoie à la fin de saison 2018/2019 avec Castres. On termine à la plus mauvaise place (septième). On ne se qualifie pas pour les phases finales alors qu'on est champions en titre et que mon équipe est encore plus compétitive que les saisons précédentes. J'avais un rôle important à jouer et je me suis trompé en faisant trop confiance au groupe. J'ai manqué de vigilance sur la fin de saison.

J'aimerais qu'on aborde le sujet de la peur. As-tu craint de mourir pendant la pandémie ?

Non, mais j'ai eu peur pour ma famille. On avait tellement d'informations contradictoires. Je suis resté concentré sur mon métier.

Tu as trois passions – le rugby, le management et le vin – et dans le cadre de la pandémie, tu m'as répété plusieurs fois que la peur avait servi d'accélérateur à tes projets. As-tu peur de manquer de temps ?

Non, je ne crains pas de manquer de temps. J'ai juste plein de projets en tête. Je veux faire plein de choses et développer ma capacité à en faire de plus en plus.

Quelle est ta plus grande peur ?

Être rejeté par mon groupe.

Cela n'a pas dû t'arriver souvent ! À Bourgoin, peut-être ?

Non, je n'étais pas rejeté, mais ça ne « matchait » pas, on n'était pas en phase.

C'est donc une peur fantasmée ?

Oui, c'est comme la peur de mourir, tu crains de mourir mais… En tout cas je me dis que ça peut arriver, être dans un groupe et que ça ne colle pas.

Quel a été le groupe le plus difficile à gérer ?

Celui de Castres, la première année. Parce qu'il y avait des aléas, des mecs qui étaient en bout de carrière, qui allaient partir, qui tenaient le vestiaire… mais je n'ai pas été rejeté. La peur ce n'est pas un sujet pour moi. Il n'y a pas de prétention à dire cela. Je fonctionne comme cela.

Que retenir des propos de Christophe ?

Par sa posture de stoïcien, il échappe au piège de la surinformation. Par choix, il est peu actif sur les réseaux sociaux. Ce ne sont pas ses principales sources d'information. Depuis avril 2020, il utilise des comptes Instagram et LinkedIn pour promouvoir respectivement Château Pépusque et son activité de conférencier. Il gère ces outils et non pas l'inverse. Ils lui servent à progresser dans ce qui compte pour lui : le rugby, le management et le vin. Avec le rachat de son domaine, il élève son niveau de connaissance œnologique en participant à des Master Classes sur le vin. Depuis des années, il s'informe *via* le quotidien *L'Équipe*, le journal *Sud-Ouest* et l'achat hebdomadaire de plusieurs livres de management. Il choisit l'information. Elle ne s'impose pas à lui. Être un personnage public, apprécié des médias et du public facilite les échanges et les rencontres. Les opportunités de s'informer et d'apprendre sont plus nombreuses pour lui que pour le commun des mortels.

Alors que la pandémie fait disparaître l'avenir, le sien s'éclaircit. Quand je l'interroge sur sa citation préférée, celle de J. F. Kennedy revient systématiquement : « Quand il est dur d'avancer, ce sont les durs qui avancent. » Par défaut, Christophe aime les situations difficiles. Peut-être est-ce lié à son passé de joueur ? Le rugby est un sport de combat. Il a joué toute sa carrière en première ligne au poste de talonneur.

L'intensité de l'incertitude lui fait prendre conscience de la fragilité du temps qui passe. Puisque tout est incertain, raison de plus pour passer à l'action, non pas demain mais maintenant. Son remède face au doute ? L'action.

La pandémie joue un rôle d'accélérateur. Il en fait plus et plus vite. Elle stimule l'effort.

Comment y arriver alors que les journées font toujours 24 heures ? Tout d'abord, il ne se disperse pas. Peu de sujets comptent pour lui. Il consacre 100 % de son énergie à ses trois passions : le rugby, le management et le vin. Est-ce à dire que la famille ne fait pas partie de ses priorités ? Évidemment non. Elle en est le socle. Ses talents de persuasion, sa capacité à inspirer lui permettent d'embarquer son épouse, doctorante en pharmacologie, et ses deux frères dans son aventure viticole. Une de ses filles, lycéenne, joue au rugby en club et souhaite devenir journaliste sportive. Faire partie de la famille de Christophe, c'est accepter l'omniprésence de ses passions et les épouser.

Ensuite, il sait s'entourer pour déléguer. À l'UBB, il ne dirige pas les entraînements. Frédéric Charrier, entraîneur des lignes arrière, le suit depuis 2010. Trois autres entraîneurs l'aident à se focaliser sur son point fort : le management du staff et de ses joueurs. Depuis le rachat de Château Pépusque, il a développé une relation de confiance avec Bernard Magrez, self-made-man, « jeune homme de 85 ans » selon les propres mots de l'intéressé, propriétaire de quarante-deux châteaux et de quatre grands crus classés. Sa fortune est estimée en 2021 à plus d'un milliard d'euros.

Enfin, point commun à tous les personnages talentueux, Christophe travaille plus que les autres. Sept jours sur sept, de 5 heures du matin à 22 heures. Il ne s'octroie pas plus de trois semaines de vacances par an.

Il évite le troisième piège que nous avons évoqué (excès de pensée positive) car il réduit en permanence l'écart entre le dire et le faire. Il en fait plus et plus vite. Est-ce à dire qu'il réussit tout ce qu'il décide de faire ? Non, mais les échecs peuvent se transformer en succès. Dès mars 2020, nous décidons de lancer ensemble une Master Class réunissant, trois mois plus tard, vingt dirigeants de plusieurs entreprises d'Aquitaine. Le thème de la formation est : « Comment bâtir une équipe de champions quand tout nous en empêche ? » Persuadés que la pandémie se terminera à l'été 2020, nous rédigeons, avec l'aide de notre attaché de presse, un communiqué annonçant notre initiative. L'information est relayée par l'AFP et plusieurs grands médias nationaux. Tout se présente sous les meilleurs auspices… à part deux points que nous avons sous-estimés. À l'heure où j'écris ces lignes, nous avons traversé deux nouveaux confinements et sommes soumis à la facétie de multiples variants du virus. Personne ne peut affirmer avec certitude que nous reprendrons une vie normale en 2022. Les restaurants et lieux de séminaire ont été fermés de novembre 2020 à juin 2021. Difficile d'organiser des séminaires… sans lieu de séminaire. Nous aurions pu tenter une version digitale avec une Master Class distancielle mais avons rencontré une seconde difficulté. Bloquante celle-ci.

En 2020, les dirigeants ont comme priorité de s'occuper de leur trésorerie et de la pérennité de leurs entreprises. Se former au leadership n'est pas leur premier souci. En clair, nous n'avons que cinq participants sur les vingt nécessaires. Reportée à plusieurs reprises, la formation se tiendra, sauf nouvelles facéties de la Covid, au premier trimestre 2022.

Avons-nous été trop optimistes ? Oui, mais un proverbe indien dit : « Si à la fin de l'histoire, l'histoire se termine mal, c'est que ce n'est pas la fin de l'histoire. »

Retour en mars 2020. Persuadés de lancer trois mois plus tard notre Master Class, nous prenons contact avec des lieux de séminaire. L'un d'entre eux retient mon attention : l'Institut Bernard Magrez à Bordeaux. Superbe endroit avec une partie musée d'art contemporain. J'échange sur le choix du lieu avec Christophe. Et surprise, il me dit : «J'ai reçu, il y a quelques semaines, un message de Bernard Magrez. Il souhaite me rencontrer. » Non contents d'avoir trouvé un lieu de séminaire, nous avions peut-être trouvé un client potentiel pour notre programme. Et Christophe, un mentor de référence dans le domaine du vin.

Début juin, Christophe rencontre Bernard Magrez. Le rendez-vous prend une tournure inattendue. L'homme aux quarante-deux châteaux est intéressé par notre programme mais sur un format interne pour quinze de ses managers. Il est pressé. La première des trois journées doit se tenir sous un mois. Depuis, nous avons formé sur 2020, 2021 et nous formerons en 2022 des cadres des entreprises de Bernard Magrez sur les thèmes du leadership et de la niaque (sujet évoqué dans cet ouvrage).

Cette histoire illustre le principe de sérendipité. Par hasard, nous avons fait une découverte inattendue et fructueuse. Nous avons lancé une Master Class sur le management multi-entreprise en pleine pandémie. Nous n'avons mené aucune étude de marché. Aucun client n'a exprimé de besoin. En recherchant sur Google un lieu de séminaire, nous rencontrons une des plus grandes fortunes de France qui en 30 minutes, nous achète une offre que nous ne lui avons pas proposée.

On lève ses doutes par l'action. Par l'action, on fait des rencontres surprenantes. À cause de la pandémie, on se retrouve dans des situations inattendues qui provoquent la chance. Une formule de mon confrère Philippe Gabilliet, « professeur de chance » à l'ESCP, résume la suite : « La chance, c'est gagner des concours de circonstances. »

En résumé

Comment faire face à vos doutes en 60 secondes

1. Évitez trois pièges :

- la surinformation contribue à votre anxiété et renforce vos doutes. Fuyez les sources d'information en continu. Elles se focalisent sur l'instant présent et font disparaître l'avenir ;
- le principe de précaution amplifie vos peurs. L'aversion aux pertes et la recherche du risque zéro réduisent votre tolérance à l'incertitude. Douter accroît vos peurs et augmente votre stress ;
- l'excès d'optimisme conduit à une volonté de trop faire, et à vouloir trop faire, on procrastine. Ne pas savoir par quoi commencer renforce le doute et le manque de confiance en soi.

2. Concentrez-vous et agissez sur ce qui dépend de vous.

Acceptez ce que vous ne pouvez changer. Les réseaux sociaux ont développé le FOPO *(Fear Of Other People's Opinions)*. Cette peur renforce vos doutes et vous empêche de développer votre confiance en vous. Vous ne pouvez pas changer l'opinion des autres sur vous, mais vous pouvez changer votre façon de vous comporter.

3. Développez votre niaque.

Cette capacité à ne jamais flancher n'est pas innée : elle s'acquiert. Elle s'appuie sur deux composantes : la passion et la persévérance.

- La passion consiste à savoir ce qui compte plus que tout pour vous et mobilise votre tête, votre cœur et vos tripes.
- La persévérance réside dans votre capacité à mettre en place des routines et des habitudes. Elle ne se mesure pas par son intensité mais par sa permanence.

Un score élevé sur l'échelle de la niaque est un facteur déterminant pour embarquer les autres sur vos projets. La niaque est contagieuse. *(Pour connaître votre niveau de niaque, répondez au test du chapitre 3.)*

4. Pour développer votre passion, soyez au clair sur votre philosophie personnelle.

5. Pour développer votre persévérance, consacrez votre temps et votre énergie à cinq priorités grâce à l'étoile des priorités *(voir le chapitre 5).*

Christophe Urios consacre 100 % de son temps à trois passions : le rugby, le domaine de Pépusque et le management. Sa famille en est le socle fondateur. Sa passion est contagieuse. Pépusque est un projet familial qui embarque son épouse et ses deux frères. Se plaindre de la Covid ne rend pas la situation plus facile. La pandémie l'aide à accélérer. *Quand il est dur d'avancer, ce sont les durs qui avancent.*

Pendant l'action

COMMENT VIVRE SEREINEMENT SOUS PRESSION ?

« *Tout le monde a un plan jusqu'à ce qu'on lui donne un premier coup de poing dans la gueule.* »

MIKE TYSON

Fin des bouffonnades

Frédéric Rey-Millet : Quelle est la situation qui t'a le plus mis la pression depuis le début de la pandémie ?

Christophe Urios : La défaite à la maison contre La Rochelle, en mars 2021.
Nous sommes dans la dernière partie de la saison. Il reste six journées. Plus on se rapproche de la fin, moins on a de possibilités de se rattraper. La pression de l'enjeu est là. Pression d'autant plus forte qu'une croyance tenace colle à la réputation du club. En avril, l'UBB s'effondre. Les médias le rappellent chaque année fin mars. Tout le monde lit la presse. Moi, le staff et les joueurs.
Je suis hypervigilant et mets tout le monde en garde. D'autant plus que La Rochelle a perdu ses deux derniers matchs. Ils se sont préparés pour ne pas perdre un troisième match d'affilée. Notre semaine de préparation avant La Rochelle est bonne. Je n'ai pas d'alertes qui me laissent à penser que nous allons nous faire broyer. J'ai prévenu, à plusieurs reprises, les joueurs de l'importance du match. On se fait écraser, broyer. On perd 26 à 11.

Pourquoi cette défaite ?

On était mal préparés, c'est-à-dire qu'on a joué un match de championnat alors que c'était un match de phases finales. Donc on s'est fait marcher dessus.
Dans une saison, on perd des matchs. On n'est pas toujours bons. C'est comme ça. Ça arrive. Je ne remets pas tout en cause à chaque défaite. On fait des mauvais matchs mais on garde le cap et on passe à autre chose. J'aime bien la formule « Effacer l'ardoise ». On oublie tout. Chaque nouvelle journée est une occasion d'avancer et de se réinventer. Mais là…
Le lendemain du match, j'ai passé la matinée à me poser des dizaines de fois la question : « Pourquoi on a fait ça ? » Il y avait

un tel écart entre nos intentions et la réalité du match que cela en était incompréhensible. Les joueurs étaient vexés et si j'avais haussé le ton, ils auraient probablement réagi mais cela aurait duré quelques semaines puis ils seraient retombés dans leurs travers. Ils oublient un peu trop rapidement l'exigence du très haut niveau. À un moment donné, il faut réagir mais je ne trouvais pas la clé. J'ai passé la journée à relire *Les Vertus de l'échec* de Charles Pépin[1]. Sa lecture m'a donné des solutions. J'ai aussi échangé avec un joueur du club que je connais bien. Pour lui, les joueurs n'ont pas un mauvais état d'esprit mais ils sont tellement bien qu'ils s'endorment.

À quoi est-ce dû ? À un manque de confiance ?

(Temps de réflexion.) Non, à un manque de travail.

Cette réflexion t'a-t-elle aidé à trouver des réponses à ta question « Pourquoi on a fait cela » ?

Pfff. *(Hésitations.)* Je suis sûr qu'on n'était pas préparés mentalement. On pensait que cela allait se faire tout seul.

Le lundi matin, qu'as-tu fais ? Qu'as-tu dit ?

Nous nous sommes tous réunis. J'ai décidé de les « piquer » et de faire réagir le groupe. Le ton a changé. Ce n'était pas marrant. C'est la seule fois où je me suis comporté de la sorte, cette saison. Tout d'abord, je leur ai rappelé notre « Why » (image ci-après). Le fameux « pourquoi » dont parle Simon Sinek dans son ouvrage *Trouver son pourquoi*[2]. Une de ses citations résume l'essentiel : « Les gens n'achètent pas ce que vous faites. Ils achètent pourquoi vous le faites. »

1. Éditions Allary, 2016.
2. Éditions Pearson, 2018.

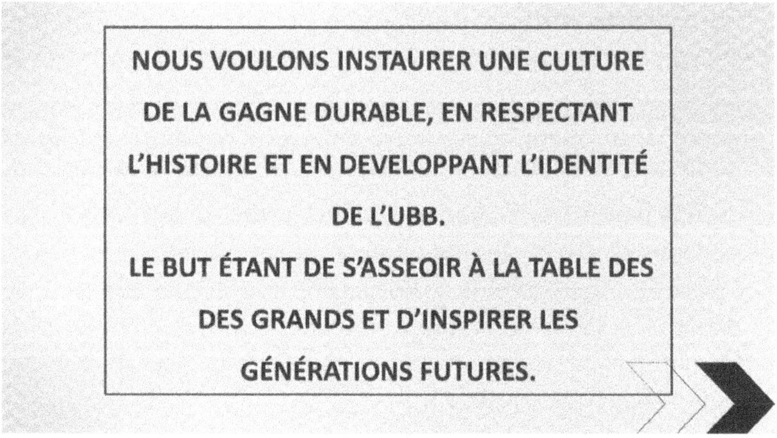

Si nous souhaitons laisser une trace, il faut changer de comportement. Arrêter de croire par exemple que les mois d'avril sont maudits pour l'UBB.
J'ai demandé aux membres du groupe de partager leurs émotions. La colère venait en tête. Ça tombait bien, c'était également mon cas.
En fin de compte, cette situation et ma façon de l'aborder justifient ma venue à Bordeaux. Je suis là pour les faire sortir de leur zone de confort. Donc, j'ai posé un cadre inconfortable. En cinq points.

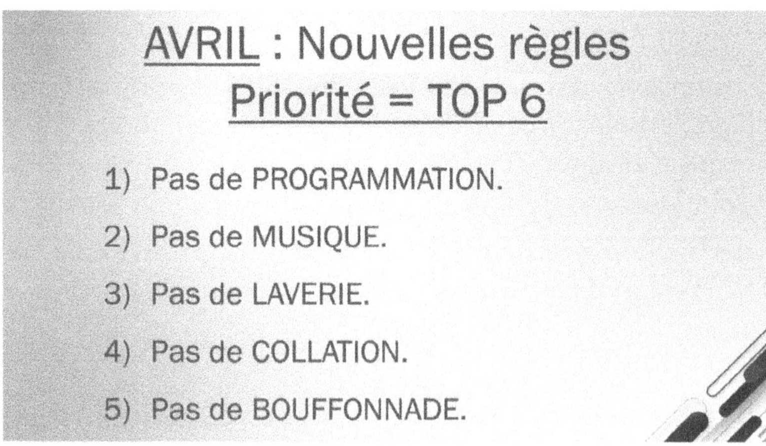

1. Pas de programmation : les joueurs découvrent le matin même le contenu des séances de travail. On passe en mode incertitude.
2. Pas de musique : en salle de musculation, les joueurs aiment écouter de la musique. Elle est interdite tout le mois d'avril. Je ne veux entendre que le bruit des appareils qui claquent. Que le silence des joueurs qui s'entraînent et qui souffrent.
3. Pas de laverie : les joueurs ne bénéficient plus du service de blanchisserie du club. Ils ramènent leurs tenues d'entraînement à la maison et s'occupent de les nettoyer eux-mêmes.
4. Pas de collation : après les entraînements, nous avons un cuistot qui nous prépare des collations. Elles sont supprimées tout le mois d'avril.
5. Pas de bouffonnades : plusieurs de nos joueurs postent sur les réseaux sociaux des vidéos humoristiques. C'est bien fait et très drôle mais ce n'est plus le moment de faire les bouffons alors que nous avons été inexistants face à La Rochelle. On se tait et on travaille.

Comment les joueurs ont-ils réagi à ce nouveau cadre ?

Par un silence.

Dans la foulée, les Bordelais gagnent quatre matchs de suite, terminent à la quatrième place et se qualifient pour les phases finales.

Que retenir des propos de Christophe ?

D'abord, dimanche, lendemain du match, il réfléchit au problème, cherche la solution dans un ouvrage de développement personnel puis échange avec son staff et un joueur expérimenté.

Lundi, devant les 60 membres de son groupe, il rappelle l'ambition collective sur laquelle le groupe s'est mis d'accord en début de saison. Il partage avec ses joueurs le gouffre entre leurs intentions et la réalité du terrain du match contre La Rochelle. Parce que l'urgence de la situation l'exige, il fixe un cadre contraignant mais limité dans le temps ; sur un mois. Le sentiment d'urgence est à manier avec parcimonie. Si l'urgence est permanente, tout est urgent. Si tout est urgent, rien ne l'est vraiment. Pour que des règles contraignantes soient efficaces, elles doivent respecter le DIF, à savoir : Durée, Intensité et Fréquence.

- **La durée doit être limitée dans le temps.** L'inconfort permanent a ses limites.
- **L'intensité doit être contrôlée.** Il ne faut pas en rajouter sur la forme en utilisant la colère et la culpabilisation. Le fond est déjà suffisamment dur à avaler. Il s'agit de rester doux sur la forme sinon la méfiance, la peur ou le rejet prennent le dessus.
- **La fréquence de ce type de réaction doit être faible.** Une fois par an, sinon l'exception devient la règle.

Le recadrage réalisé par Christophe n'est que partiellement transposable dans nos quotidiens. Difficile, par exemple, de priver votre entourage de réseaux sociaux ou de repas !

Que ce soit pour remporter un marché face à vos concurrents, convaincre votre patron de vous laisser télétravailler cinq jours par semaine ou prendre la parole en public devant cent inconnus, vous êtes forcément sous pression. Comment la supporter ? Comment faire pour ne pas baisser les bras à la première difficulté ? Comment ne pas fuir ou démissionner face à l'enjeu ? Comment ne pas surjouer en étant trop agressif ?

*

L'objet de cette deuxième partie est de répondre à la question : comment vivre sereinement sous pression ? La réponse tient en un mot : par l'action. Agir, pour vaincre l'angoisse et le doute.

Nous vous proposons ici trois pistes formulées sous forme des questions incitant à l'action :

- Comment développer sa confiance en soi ?
- Comment récupérer ?
- Comment construire soi-même son optimisme ?

6

COMMENT DÉVELOPPER SA CONFIANCE EN SOI ?

« C'est facile de faire ce que tu fais quand on s'appelle Christophe Urios. Avec ta réputation et tous tes succès, les gens te font confiance ! » Ce type de phrases, Christophe en entend régulièrement. Comme tous les gens très performants.

Une grande croyance est que la confiance en soi se forge sur les succès passés. C'est faux. Dans nos environnements respectifs, nous côtoyons des gens extrêmement performants. Aucun ne parle de ses succès passés (sauf à la retraite, lorsqu'ils écrivent leurs mémoires).

D'où vient la confiance en soi ? De votre meilleur ami.

Qui est-il ? Celui qui vous connaît le mieux ? Celui qui connaît toutes vos qualités ? Celui qui lit en vous à livre ouvert ? Celui qui vous donne confiance ?

Ne cherchez pas… C'est vous !

La confiance en soi vient de nos conversations intérieures. Bien entendu, notre environnement familial, notre éducation rentrent en ligne de compte mais celui ou celle avec qui nous passons le plus de temps, c'est nous-même.

À l'inverse, qui peut vous faire douter le plus souvent ? Vous faire perdre confiance en quelques secondes ?

Toujours le même. Vous.

L'objectif de ce chapitre est de répondre à la question : comment développer sa confiance en soi ? Pour y parvenir, nous vous proposons trois conversations intérieures assorties à chaque fois de plans d'entraînement pour développer cette confiance :

- soyez réaliste ;
- trouvez votre flow ;
- devenez confortable avec l'inconfort.

Soyez réaliste

En démarrage des séminaires que nous animons avec Christophe, nous posons trois questions aux participants.

- Voulez-vous être meilleur dans ce que vous faites ?
- Avez-vous atteint votre potentiel maximum ?
- Avez-vous une image précise de votre prochain palier de performance et savez-vous comment l'atteindre ?

À la première question, les réponses sont « oui » et instantanées. À la deuxième, les mains se lèvent majoritairement pour le « non » mais… plus lentement. Nous la reposons une seconde fois : « Avez-vous atteint votre potentiel maximum ? » et le pourcentage de réponses négatives frôle alors les 95 %. Pourquoi cette hésitation ? Peut-être parce que nous considérons être assez proches de notre potentiel maximum.

À la dernière question, les participants répondent soit par une question – « De quoi parlez-vous ? » – soit par un étonnement – « Votre question n'est pas claire… ».

Si vous répondez à ces trois questions de la même façon que les participants à nos séminaires, vous n'êtes pas encore en mesure d'atteindre votre potentiel maximum et ce n'est pas grave.

Pour devenir meilleur, il faut avoir une idée claire de votre niveau de performance actuel, de votre niveau de performance futur, et de ce qui actera, de manière incontestable, vos progrès entre les deux.

Formulé autrement, vous êtes à un point A. Vous souhaitez vous rendre à un point B et vous savez comment voyager du point A au point B. Commençons par le point A, à savoir votre performance actuelle.

Évaluez votre performance actuelle

Imaginez que vous soyez en vacances au fin fond d'un pays tropical. Depuis deux jours, vous avez d'atroces douleurs abdominales. Vous consultez le médecin local. Il est très inquiet. Il faut vous opérer d'urgence. Il vient de contacter son confrère chirurgien. Légitimement, vous vous posez la question de sa compétence. Sur une échelle de 0 à 10, quel niveau de performance vous tranquilliserait avant de vous faire opérer ? *A priori*, vous devriez répondre 10/10. Pour rester en vie, vous voulez un pro.

Le médecin vous informe que ledit chirurgien est inexpérimenté. Il a terminé deux mois plus tôt son internat. En revanche, à deux heures de route, se trouve le meilleur spécialiste du pays. Malheureusement, le transfert en ambulance pourrait générer de sérieuses complications pouvant aller jusqu'à la mort. Le médecin vous rassure sur le jeune chirurgien, en affirmant qu'il est jeune mais très performant. Vous lui demandez : « OK, mais sur une échelle de 0 à 10, à combien évaluez-vous sa performance ? » Il vous répond 9/10. Que faites-vous ? Prenez-vous le risque d'être transféré ? Oui ? Non ?

Généralement, à 9/10, vous restez sur place. Mais si le médecin vous répond 7/10, changerez-vous votre réponse… comme 80 % des participants de nos séminaires à qui nous proposons cet exercice ?

Dès que la performance du chirurgien local est inférieure à 8/10, on prend le risque d'être transféré, quitte à y perdre la vie.

Quelle est la morale de cette histoire ? Quand notre peau est en jeu, nous exigeons un très haut niveau de performance. Face à un enjeu élevé, nous fixons un standard de compétence à sa hauteur. Faisons le lien entre cette histoire et vos cinq priorités identifiées dans le chapitre précédent.

Pour chacune d'entre elles, ou au minimum pour la plus importante, prenez dix secondes pour évaluer votre performance actuelle sur une échelle de 0 à 10. Si vous en évaluez une ou plusieurs à plus de 8/10, vous recherchez un niveau de performance quasi parfait. Du même niveau qu'un chirurgien qui aurait votre vie en ses mains. Ce n'est pas rien…

À 9/10 et au-delà, vous être un référent dans votre domaine, mais méfiez-vous. L'écart entre la moyenne et la performance des champions est plus étroite qu'il n'y paraît. Parce que nous avons tous un biais de sur-confiance, la moyenne n'est pas à 5/10 (personne n'a envie de se dire qu'il est juste moyen) mais entre 6,5 et 7/10.

Si vous répondez moins de 6/10, vous pouvez vous sentir inconfortable, trouver cette idée de ligne de performance un peu idiote et contester l'intérêt de cette échelle. C'est bon signe. Le début du refus de votre situation actuelle révèle l'envie de faire mieux. Ne vous jugez pas trop sévèrement. Ces réponses sont les vôtres.

Une autre façon d'évaluer votre performance est la comparaison. Posez-vous les questions suivantes : « Sur mes cinq priorités, quelles sont les personnes qui font mieux que moi et plus vite ? Qui sont les meilleurs joueurs sur mes terrains de jeu favoris ? Pourquoi sont-ils si réputés ? Qu'ont-ils de plus que moi ? » Soyez vigilant à ne pas vous tromper de terrain de jeu. Si vous jouez au rugby en amateur, ne prenez pas Matthieu Jalibert de l'UBB comme modèle. Vous ne jouez pas dans la même catégorie, sauf si votre ambition est d'intégrer le groupe professionnel de l'UBB.

Soyez au clair sur vos intentions

Pourquoi faites-vous ce que vous faites ? Sur quoi voulez-vous progresser ?

Formulé autrement, il s'agit de vous projeter vers votre ligne de performance souhaitée, celle que vous voulez atteindre. Celle qui vous donnera l'envie de vous dire : « Bravo, tu y es arrivé ! Je suis fier de toi. » Prenons l'exemple de Christophe en guise d'illustration.

> Frédéric Rey-Millet : Pourquoi fais-tu ce métier d'entraîneur ? Pour être champion de France et gagner le bouclier de Brennus ?
>
> Christophe Urios : Non, ce n'est pas cela. Je l'ai déjà gagné et pour le temps que cela dure… Une soirée ! On part dès le lendemain en vacances, cinq semaines, puis une nouvelle saison chasse l'autre…
>
> Ton rêve ultime, c'est d'entraîner l'équipe de France ?
>
> Non, même si cela aurait pu se faire.
>
> C'est quoi alors ?
>
> C'est d'être référent dans les domaines qui comptent pour moi. Je souhaite arrêter ma carrière d'entraîneur en 2030. Je veux marquer l'histoire de mon sport. Je veux être une référence. Pareil pour Pépusque, je veux fabriquer un des meilleurs vins du monde.
>
> Qu'est-ce qui te manque pour être encore meilleur ?
>
> Gérer mes émotions.
>
> Tu t'énerves encore souvent dans une saison ?
>
> Non, mais je suis trop impatient et cela peut me jouer des tours.

Un exemple ?

L'année dernière, lors de la conférence de presse d'après-match contre Toulouse *(dernier match de championnat avant les phases finales)* : j'étais déçu du match, j'ai dit que le match était pourri, nul, que si on était comme ça, Clermont allait vite nous mettre à la page… J'en ai trop fait. Ce n'était pas contrôlé, c'est parti tout seul, et avec du recul… je ne le referai pas. Les émotions sont ma force, mais parfois elles peuvent aussi être ma faiblesse.

Qui sont tes modèles d'entraîneurs, les confrères qui t'inspirent ?

Je n'en ai pas trop. J'aime bien la personnalité de l'entraîneur de Liverpool, Jürgen Klopp. Je ne serais pas capable d'évaluer sa compétence technique, mais j'aime bien ses équipes, je les trouve spectaculaires, il y a de la densité, il est sympa avec les mecs. Je trouve qu'il ne triche pas.

Et en tant qu'entraîneur de rugby ?

Graham Henry. Il a été entraîneur des All Blacks de 2001 à 2011. Il a changé la mentalité des All Blacks. Quand il ne gagnait pas, il se remettait en cause, c'était un instituteur. C'est un vieux monsieur de 75 ans. Il est calme. Je l'ai vu fonctionner quand je suis allé en Nouvelle-Zélande en 2018. Il était sur le bord d'un terrain dans la banlieue d'Auckland. En soirée. Il assistait à un entraînement de jeunes. Il n'y avait personne d'autre que les joueurs et lui. La température était négative, il faisait nuit, il y avait du vent. Ça illustre la passion. J'aime bien ce personnage. Ce qu'il a fait.

Tu n'organises plus de rencontres avec des entraîneurs d'autres sports collectifs ?

On va reprendre cette année je pense.

> **Quel est l'entraîneur que tu aimerais rencontrer ?**
>
> Je ne sais pas. Je suis aujourd'hui davantage passionné et inspiré par ceux qui veulent changer le monde. Ça me fascine. Et pas forcément des coachs. Richard Branson, par exemple, se met en risque à 70 balais alors qu'il a tout. Ça me plaît, tu vois. Comment ça leur vient ? Personne ne parle de la conquête spatiale et tout d'un coup ils veulent tous aller sur Mars. Neuf mois de voyage, à l'étroit dans une petite capsule… Pfff, ça me sidère !

À cause ou grâce au premier confinement, Christophe et moi avons eu le temps de réfléchir. Quand vous n'avez pas d'équipe à entraîner, quand vous ne pouvez plus rencontrer vos clients, vous creusez des sujets qui passent à la trappe faute de temps.

Mettre sur la table le sujet « Trouver une meilleure version de vous-même » renvoie obligatoirement aux All Blacks. Que font ces grands champions face à une pression maximale ? Cette équipe de référence dans le monde du rugby n'a pas toujours supporté la pression. Loin de là.

Depuis sa création, au début du vingtième siècle, cette équipe gagne 77 % de ses matchs, mais tous ne se valent pas. Il y a les matchs amicaux (à prendre avec précaution, le rugby est un sport de combat) et la Coupe du Monde. Les All Blacks remportent la première édition organisée chez eux en 1987 mais échouent lors des cinq éditions suivantes. Sous pression, les All Blacks craquent lors des matchs décisifs.

En 2010, les Blacks n'arrivent toujours pas à gagner un second titre mondial. Le staff fait appel au gourou de la préparation mentale, Ceri Evans. Star en Nouvelle-Zélande, ancien international de football avec l'équipe des All Whites, psychiatre, auteur et conférencier, Ceri accompagne des maîtres dans leur domaine, tels que le sextuple champion du monde de F1, Lewis Hamilton, ou le staff d'Arsenal sous l'ère Arsène Wenger.

En juillet 2020, entre deux confinements, nous avons échangé avec lui de vive voix.

Déformation professionnelle oblige, dès le début de sa mission auprès des All Blacks en 2010, le docteur Evans pose aux joueurs une série de questions. L'une d'entre elles renvoie à ce qu'il nomme l'« échelle d'intention mentale », qui aide à positionner la performance souhaitée.

À chaque joueur des All Blacks, il pose la même question : « Pourquoi t'entraînes-tu ? » Cinq réponses sont possibles.

- Je m'entraîne pour m'entraîner.
- Je m'entraîne parce que j'aime la compétition.
- Je m'entraîne pour gagner des matchs.
- Je m'entraîne pour être un All Blacks.
- Je m'entraîne pour… ?

Quelques-uns répondent : « Parce que c'est indispensable pour bien faire mon métier. Je m'entraîne pour m'entraîner. »

D'autres : « Parce que j'aime la compétition » ou « Parce que j'aime gagner ».

De nombreux joueurs répondent : « Je m'entraîne car je veux faire partie de la meilleure équipe du monde. Je veux être un All Blacks. »

Richie McCaw, capitaine des All Blacks, est le seul à avoir apporté une réponse différente : « Je m'entraîne parce que je veux marquer l'histoire de mon sport. Je veux être une légende. »

De 2010 à 2019, Le docteur Evans a accompagné les All Blacks. Dans cet intervalle, ils ont gagné deux Coupes du Monde (2011 et 2015). Richie McCaw a pris sa retraite en 2015. Il est à ce jour le recordman All Blacks avec 148 sélections. Il est le seul capitaine d'une équipe de rugby à avoir soulevé la Coupe du Monde deux fois. Richie McCaw a atteint son objectif. Il est devenu une légende dans son sport.

Cette échelle d'intention mentale est transposable dans nos quotidiens. Elle pourrait ressembler à cela :

- Je travaille parce qu'il faut bien payer le loyer.
- Je travaille parce que je m'autoréalise.
- Je travaille parce que j'ai besoin de lien social.
- Je travaille parce que je veux progresser.
- Je travaille parce que… ?

Toutes ces réponses sont légitimes, mais amusez-vous à choisir celle qui, parmi les cinq propositions, vous convient le mieux. Si les quatre premières ne vous satisfont pas, il vous reste la dernière. Charge à vous de remplacer le point d'interrogation par une phrase qui vous convient.

Pour répondre à la question centrale de ce livre, trouver *la meilleure version de vous-même*, vous ne pouvez faire l'économie d'un diagnostic sur ce que vous faites et ce que vous aimeriez faire. Imaginez-vous en janvier 2024. Vous avez incontestablement franchi un palier supplémentaire. Que disent de vous vos proches à ce sujet ? Votre manière d'interagir avec les autres, comment a-t-elle changé ? Nous avons tous besoin d'une image mentale future pour progresser. Une image qui nous pousse à sortir de notre zone de confort. Le triptyque métro/boulot/dodo ne produit que du *statu quo* et de la routine. Ces questions sont essentielles, non pas pour devenir Christophe Urios ou Richie McCaw, mais juste une meilleure version de vous-même.

Trouvez votre flow

Un matin de l'été 1944, Mihály Csíkszentmihályi, âgé de 10 ans, se tient sur un quai de gare à Budapest avec sa mère, ses deux frères et près de soixante-dix membres de sa famille venus leur dire au revoir. La Seconde Guerre mondiale fait rage et la

Hongrie se retrouve politiquement et géographiquement cernée de tous les côtés.

Il est temps de partir. Ils montent tous dans un train à destination de Venise. Le voyage est épique. Des bombes explosent à quelques mètres de leur wagon. Des balles traversent les vitres du train. Le jeune garçon, recroquevillé sous son siège, est terrifié mais aussi en colère. « L'idée m'a frappé à cet instant, que les grandes personnes ne savaient vraiment pas vivre », remarque Mihály Csíkszentmihályi soixante-cinq ans plus tard. Plus de la moitié de sa famille présente sur le quai ne reviendra pas vivante des camps de déportation.

Cette expérience constitue le point de départ de ses futurs travaux de recherche. Comment mieux vivre sa vie quand tout va mal ?

En 1956, âgé de 22 ans, il démarre des études de psychologie aux États-Unis. La lecture des bandes dessinées *Pogo* lui permet de parler un anglais rudimentaire. Neuf ans plus tard, il obtient un doctorat de psychologie à l'université de Chicago. Il étudie l'« approche positive », novatrice et créative de la vie plutôt que la vision médicale et pathologique de Sigmund Freud.

Ses travaux révèlent que jouer provoque des « expériences autotéliques » – du grec *auto* (soi) et *telos* (but ou objet) – appelées plus simplement *flow*. Dans une expérience de flow, ce n'est pas l'atteinte de l'objectif qui procure du plaisir mais le chemin pour y parvenir. Le moyen est la fin : l'activité est la récompense en tant que telle. Les artistes observés par Csikszentmihalyi sont tellement absorbés par leur tâche, qu'ils semblent vivre dans un état modifié de conscience. Ils sont en état de flow.

Dans le flow les objectifs sont clairs : atteindre le sommet d'une montagne, faire une passe de 30 mètres avec une trajectoire parfaite ou façonner l'argile de la bonne manière. La récompense est immédiate. Lorsque nous sommes dans un état de flow, le temps n'a plus de prise sur nous. La conscience de nous-même s'estompe. Nous vivons l'instant présent.

Le flow est alimenté par l'accumulation de pensées positives. Le combiné pensées positives/flow renforce la confiance en soi.

Pour mettre en œuvre ce cercle vertueux, vous devez négocier avec votre pire ennemi : vos pensées négatives. À chaque instant, vous avez le choix de vous coacher positivement ou négativement.

L'expérience de Christophe valide-t-elle les recherches de Mihály Csíkszentmihályi ?

> **Comment développer cette confiance qui ne t'habite pas au départ ?**
>
> Quand j'ai commencé à entraîner, je voulais être une sorte de super-joueur qui entraîne. Je me rassurais par mes compétences techniques. Ma première expérience d'entraîneur principal à Bourgoin était positive. L'équipe était composée de joueurs expérimentés. On était toujours dans les clous, ce n'est pas le problème, mais ça ne me satisfaisait pas. Parce que je n'avais pas une relation forte avec les mecs. Ce n'était pas lié à un manque de respect ou à des relations conflictuelles. Chacun faisait son métier. On se croisait. On vivait en parallèle.
>
> **Pourquoi la situation a-t-elle été différente à Oyonnax (*club entraîné par Christophe pendant huit saisons*) ? Comment as-tu développé ta confiance en toi ?**
>
> Ce sont les rencontres avec le président de l'époque, Marco Manducher, et avec d'autres entraîneurs aussi qui ont fait la différence.
>
> **L'envie de progresser et d'être le meilleur, autant que tu t'en souviennes, ça date de quand ?**
>
> J'ai toujours été comme ça. Je voulais toujours en faire plus. Rester le dernier sur le lieu de travail. Je me rassure par

l'action. En faisant. L'action me donne confiance en moi. J'ai toujours envie d'en faire plus. De ne jamais rien lâcher.

As-tu été inspiré par des modèles ? Par ta famille ?

Non, je n'ai pas de modèles. Inspiré par mon père sûrement.

Est-ce que c'est inné, cette posture ?

Je ne pense pas, on naît tous pareils, après c'est l'histoire de la vie. Quand il a fallu construire les cours de tennis, je l'ai fait. Je n'étais pas majeur.

Quatre étapes vers la confiance

Pour développer votre confiance en vous, nous vous proposons un process en quatre étapes.

Lorsque vous broyez du noir, que vous êtes pessimiste, la première chose à faire est de l'accepter. Vouloir, d'un coup de baguette magique, transformer votre *bad mood* en *good mood* ne marche que dans les films Marvel. Vous devez passer par un sas intermédiaire : le flow. En état de flow, vos pensées sont neutres. Elles ne sont ni négatives, ni positives. Vous êtes concentré sur l'instant présent.

Tracez quatre colonnes sur une feuille de papier.

Première colonne : Pensées négatives

Vous aimeriez les chasser de votre esprit mais elles sont présentes. Les éviter ne les fera pas disparaître. Elles reviendront immanquablement. Quelles sont les pensées négatives récurrentes qui vous polluent ? Voici quelques exemples : *Ce que je fais n'a pas de sens. Je suis un imposteur. Les autres ne pensent pas vraiment du bien de moi. Ce que je fais n'est pas parfait. Est-ce que je suis vraiment bon dans ce que je fais ?*

Deuxième colonne : 100 % vrai ?

Challengez vos pensées négatives avec votre réalité quotidienne. Quels sont les moments ou situations précis où vos pensées négatives vous submergent ? Par exemple, si vous vous considérez comme un imposteur dans votre boulot, à quels moments cela vous arrive-t-il ?

Troisième colonne : Mes succès passés

Revisitez votre liste de souvenirs personnels sur les derniers mois. Arrêtez-vous sur ceux qui contredisent votre pensée négative. Si vous vous considérez comme un imposteur, quelles sont les situations où vous avez assuré ? Où vous étiez à des années-lumière d'être un imposteur ?

Trouvez au minimum trois exemples concrets qui contredisent chacune de vos pensées négatives.

Quatrième colonne : Pensées positives

Reprenez une pensée négative, du type « Je suis un imposteur ». Par quelles pensées positives pourriez-vous la remplacer ? Des phrases telles que « Je suis légitime parce que je l'ai déjà fait », « Je sais comment faire » ou « Je sais par quoi commencer » renforceront votre confiance en vous.

Chaque fois que vous faites face à un défi stressant, pensez à ces quatre étapes. Elles constituent un cadre psychologique qui aide à se reprogrammer positivement face à la pression. L'idée est d'accepter vos pensées négatives, de challenger leur fondement et de les remplacer par des pensées positives. Vos pensées positives sont légitimes parce que vous avez tellement réalisé de choses difficiles par le passé ! Il n'y a aucune raison que cela s'arrête du jour au lendemain. En répétant cette démarche, vous vous focalisez sur l'instant présent, vous êtes en état de flow.

Soyez confortable avec l'inconfort

En début de la saison en cours, Christophe me propose d'intervenir auprès de son groupe (45 joueurs et 20 membres du staff) sur le thème de la culture de la gagne. C'est la première fois que j'interviens sur ce thème auprès d'un groupe de joueurs professionnels de rugby. Prévenu la veille, je me demande ce que je peux apporter à ces grands champions. Tous ont la culture de la gagne. Certains ont déjà été champions de France ; d'autres sont des anciens All Blacks.

Je commence mon intervention en leur posant trois questions.

Qui rêve d'une vie de rêve, de vivre des expériences incroyables, d'avoir des amis inspirants, une famille soudée ? Tout le monde lève la main.

Qui est d'accord pour dire que pour vivre une vie de rêve, il faut sortir de sa zone de confort ? Tout le monde lève la main.

Qui est prêt à me rejoindre sur scène et à sortir de sa zone de confort ? Je leur propose un exercice de mise sous pression durant quelques minutes. 25 % des joueurs sont partants et lèvent la main.

Dire qu'on veut vivre une vie incroyable, c'est bien. Accepter l'idée de l'inconfort pour y arriver, c'est bien. Vivre une expérience inconfortable en direct live, c'est encore mieux.

Je propose à Nans Ducuing de me rejoindre sur scène. La mise en situation est la suivante : je lui demande d'associer la première lettre de l'alphabet au premier chiffre. Cela commence donc par A1, B2 et ainsi de suite. Il sourit et me dit : « C'est le genre d'exercice qu'on me demande dans le cadre du protocole commotion. Généralement, je n'y arrive jamais ! » Pour autant, je le sens détendu. Il commence l'exercice sous un chahut d'enfer. Les autres joueurs hurlent, rigolent et l'encouragent. Nans a du mal à se concentrer mais à la lettre G, son attitude change. Il rentre dans sa bulle, se concentre et fait fi de la pression amicale mais sonore de ses collègues. Malheureusement, le Y lui est fatal. Il échoue à une lettre près.

Pour avoir réalisé cette expérience des dizaines de fois, les résultats sont invariablement les mêmes : 70 à 80 % sont prêts à sortir de leur zone de confort pour vivre une vie de rêve mais seulement 20 à 30 % se retrouvent sur scène face à moi. Moins de 10 % des participants terminent l'exercice sans se tromper. L'erreur intervient souvent vers la lettre G.

Pourquoi ? Pour deux raisons. La première renvoie à l'environnement extérieur. Dans un amphithéâtre devant 50 personnes, le regard des collègues met sous pression. Pire, leurs réactions (rires, encouragements) perturbent la concentration du courageux volontaire. La seconde renvoie à nos « bruits internes ». Il est difficile de se verrouiller sur l'instant présent car nos pensées polluent notre concentration. Des questions telles que « Vais-je arriver ? » ou « Si j'échoue, que penseront de moi mes collègues ? » empêchent de se concentrer totalement.

Quelle est la morale de cette histoire ?

Face à un challenge, sous pression, nous avons envie de donner la meilleure image de nous-même. La consigne est claire : associer à chaque lettre de l'alphabet le chiffre correspondant. L'exercice est difficile, surtout sans préparation. C'est pour cette raison que 90 % des gens échouent, mais le résultat a moins d'importance que la façon d'y arriver. Le voyage est plus important que la destination. La capacité à se centrer sur l'instant présent, à se concentrer et à s'isoler est le sujet principal de cette expérimentation.

Première bonne pratique : appliquer l'équation de la confiance

Pour arriver à se concentrer, il faut avoir confiance en soi, en sa capacité à agir. Cela renvoie à une blague un peu facile. Connaissez-vous la différence entre la théorie et la pratique ? En théorie, il n'y a pas de différence. Et le monde dans lequel nous vivons est tout sauf théorique.

C'est la même chose entre sortir de sa zone de confort (théorie) et être dans l'inconfort (pratique).

La confiance en soi se résume en une équation : CONFIANCE = TEMPS × COMPORTEMENT.

La confiance se développe en faisant souvent (*temps*) des choses difficiles, à la limite de vos capacités (*comportement*).

Sur le sujet de la confiance, il y a un ordre. Une dérivée première et une dérivée seconde. La confiance en vous est première, la confiance en autrui est seconde.

Vivre sereinement sous pression, c'est agir. Se faire confiance se construit par l'action. Par le fait de tenter des choses inédites en acceptant l'inconfort qui l'accompagne. Sur le papier, tout le monde est d'accord sur l'utilité de sortir de sa zone de confort. Être concrètement dans l'inconfort, c'est une autre affaire.

On ne peut pas rechercher la nouveauté et ses avantages (surprise, curiosité, créativité) et refuser ses inconvénients (incertitude, doute, pression). Plus vous cherchez à progresser, à progresser rapidement, plus le niveau de pression augmente. Programmez-vous en vous disant : « Je suis OK avec cela. J'accepte d'être confortable avec l'inconfort. » Considérez le stress comme une boule de feu au creux de votre main. Elle vous chauffe la main, parfois vous brûle, mais elle ne doit pas vous consumer, sinon c'est le burn-out.

Pour réussir à vous concentrer sur l'instant présent, vous devez avoir une conversation intérieure. Nos pensées, qu'elles soient positives ou négatives, influencent nos actions. Mieux vaut se dire «je peux le faire, j'y crois» plutôt que «je vais échouer».

Vous rappeler que vous avez déjà fait des choses difficiles par le passé est le meilleur moyen de vous donner confiance. Vous l'avez déjà fait, il n'y a pas de raisons que cela s'arrête. Si vous-même, vous n'y croyez pas, qui va y croire ?

Certes… mais s'il suffisait de vouloir pour pouvoir, nous serions tous des sportifs, scientifiques, cuisiniers ou écrivains célèbres… Le «quand on veut, on peut» ne marche pas à tous les coups.

Commencer par une conversation intérieure affirmative et positive est un bon début, mais si tout le monde fait cela, qu'est-ce qui vous différenciera de vos concurrents ? C'est d'avoir une conversation intérieure interrogative reposant sur deux questions :

- Est-ce que je peux le faire ?
- Si oui, comment ?

Deuxième bonne pratique : raccourcissez le futur

Le futur est incertain et imprévisible. Cela ne date pas d'hier mais à la différence de nos grands-parents ou arrière-grands-parents (pour ceux qui sont de ma génération), nous n'avons plus l'habitude de vivre des situations dramatiques. La Covid-19 a tué un pour mille de la population française. C'est trop, mais pas grand-chose par rapport à la grippe espagnole de 1918-1919 qui a été six fois plus létale, ou à la Première Guerre mondiale, quarante-trois fois.

Dans un contexte anxiogène et inhabituel, le moindre projet d'envergure peut vite vous stresser. Imaginez que vous souhaitiez changer de job, déménager, créer votre boîte, vous marier ou divorcer (pas tout en même temps). Comment aborder avec sérénité ces changements ? En raccourcissant le futur. Face à une montagne à gravir, les alpinistes découpent l'ascension en étapes, en plusieurs camps de base. Plus l'enjeu est important, plus vous devez démarrer par de petits pas. Fixez-vous des buts intermédiaires. Imaginez que vous ayez un livre à écrire sous deux mois. Plutôt que de vous dire « Je ne l'ai jamais fait, vais-je y arriver ? », fixez-vous comme objectif d'écrire deux heures par jour et d'adresser au bout d'une semaine les dix premières pages à votre éditeur. Face à un projet ambitieux, ne faites pas l'économie des routines.

Une des plus efficaces s'intitule *Juste cinq de plus*. Supposons que vous deviez adresser 100 e-mails personnalisés à vos collègues d'école ou de fac pour l'anniversaire des 20 ans de votre promotion. C'est une tâche ennuyeuse et répétitive. À un moment où vous aurez envie d'arrêter, de laisser tomber et de passer à autre chose, dites-vous : *cinq de plus*. Que va-t-il se passer ? Vous en adresserez 10 de plus. En tant qu'auteur, j'utilise cette routine. Au bout de deux heures d'écriture, je n'en peux plus. Je suis au bout du rouleau. J'ai envie d'abandonner. Je m'auto-persuade avec un *Allez, cinq minutes de plus ou cinq phrases de plus*. À chaque fois, je continue 15 minutes supplémentaires ou je rédige un paragraphe supplémentaire. Par cette routine, je ne cherche pas à changer fondamentalement ma manière de travailler. Je me donne juste un petit coup de pouce supplémentaire.

Troisième bonne pratique : choisissez vos amis

Être confortable avec l'inconfort nécessite une grande discipline personnelle. Se faire aider par d'autres vous facilitera la tâche. Entourez-vous d'amis qui partagent avec vous les mêmes envies et les mêmes routines pour atteindre leurs objectifs. Nous sommes des animaux sociaux et fonctionnons par mimétisme et imitation. Appartenir à un groupe dans lequel vous vous sentez à l'aise aide à progresser.

Un de mes amis, Stéphane, est un marathonien chevronné. Nous avons le même âge et il a déjà couru cinq marathons. Cette course d'endurance est un long combat avec soi-même. Je cours trois fois par semaine et suis plutôt en forme mais depuis des années, j'hésite à me lancer dans mon premier marathon. J'ai compris la raison de ma procrastination en discutant avec Stéphane. La clé d'un marathon réussi c'est la préparation, et la préparation est collective. Dix mois avant la date de la course, Stéphane court trois à cinq fois par semaine en groupe. Ce n'est pas mon cas. Je cours systématiquement seul. Tant que je n'intégrerai pas une « tribu » de marathoniens avec les mêmes habitudes, je ne participerai pas à mon premier marathon.

Appartenir à un groupe dans lequel vous êtes à l'aise présente un second avantage. Lancez-vous des défis et partagez-les publiquement. Par exemple : « Dans douze mois, j'aurai perdu 10 kilos », « Sous trois mois, j'aurai terminé l'écriture d'un nouveau livre », « D'ici la fin de l'année, j'aurai changé d'emploi », etc.

Choisir ses amis présente un dernier bénéfice. Parce que vous faites partie d'un groupe de confiance, vous devenez généreux. On donne plus souvent à quelqu'un en qui on a confiance plutôt qu'à quelqu'un dont on se méfie. En retour, celui qui reçoit devient généreux et donne à son tour. Prenons une métaphore sportive.

Première étape : demander. Si personne ne demande le ballon, rien ne se passe. Le jeu est arrêté. Demander, c'est attendre un conseil, un service. Trop souvent, nous n'osons pas le faire, pensant que l'autre va refuser. Or on ne peut pas présupposer des réponses à des questions que l'on n'a pas encore posées. Ne vous mettez pas dans la position du grand sachant qui connaît les réponses à l'avance. Demander conseil donne confiance à celui que vous sollicitez. Il se sent investi d'une mission : vous aider. À l'inverse, prodiguer des conseils non sollicités par un tiers est le meilleur chemin pour le faire douter.

Deuxième étape : donner. C'est parce qu'un joueur demande le ballon que le porteur le lui donne. La demande entraîne le don. Nous donnons quand la demande est formulée clairement avec empathie, sans arrière-pensée.

Troisième étape : savoir recevoir. Un des gestes clés du rugbyman consiste à bien contrôler le ballon. Encore faut-il le recevoir dans de bonnes conditions.

Quatrième étape : rendre. Le rugby est un jeu collectif. Vous ne pouvez rien entreprendre sur un terrain si vous jouez solo. Il en est de même dans nos relations aux autres.

En résumé

Comment développer sa confiance en soi en 60 secondes

Pour bâtir une relation de confiance, il faut d'abord avoir confiance en soi. La confiance en soi se construit par les conversations intérieures que l'on mène.

Soyez réaliste en vous posant trois questions :

- Ai-je envie d'être meilleur dans ce que je fais ?
- Ai-je atteint mon potentiel maximum ?
- Ai-je une image précise de mon prochain palier de performance et sais-je comment l'atteindre ?

Pour devenir meilleur, il faut que vous ayez une idée claire de votre niveau de performance actuel, de votre niveau de performance futur, et de ce qui actera, de manière incontestable, vos progrès entre les deux. Comparez-vous à ceux qui font le même métier que vous mais mieux et plus vite. Qu'ont-ils de plus, que vous n'avez pas encore ?

Trouvez votre flow

Le flow est un concept popularisé par Mihály Csíkszentmihályi, professeur adepte de la pensée positive. Dans une expérience de flow, ce n'est pas l'atteinte de l'objectif qui procure du plaisir mais le chemin pour y parvenir.

Lorsque nous sommes dans un état de flow, le temps n'a plus de prise sur nous. La conscience de nous-même s'estompe. Or les pensées négatives nous empêchent d'atteindre ce flow. Pour les combattre, interrogez-vous : *Sont-elles vraies dans 100 % des situations que vous rencontrez ?* Ce n'est jamais le cas. Remémorez-vous vos succès passés. Ils déclencheront vos pensées positives et créeront l'état de flow.

Soyez à l'aise avec l'inconfort

La confiance en soi se résume en appliquant au quotidien une équation : Confiance = Temps × Comportement. La confiance se développe en faisant souvent (temps) des choses difficiles, à la limite de vos capacités (comportement).

Face à un projet ambitieux, raccourcissez le futur. Plus l'enjeu est important, plus vous devez démarrer par de petits pas, avec des routines. Chaque fois qu'une routine vous ennuie, jouez avec. Dites-vous : *Cap d'en faire cinq de plus ?* Cinq minutes de plus, cinq e-mails de plus, cinq lignes supplémentaires. Peu importe. Juste cinq de plus…

Se faire aider par d'autres facilite l'acceptation de l'inconfort. Entourez-vous d'amis qui partagent vos envies, vos passions et vos routines pour atteindre vos objectifs communs. Nous sommes des animaux sociaux et fonctionnons par mimétisme et imitation.

7

COMMENT RÉCUPÉRER ?

Que veut-dire « récupérer » ?

Tous les dirigeants, coachs sportifs professionnels ou athlètes de haut niveau travaillent et s'entraînent énormément. C'est certainement aussi votre cas. Parce que vous faites le choix de lire cet ouvrage, vous vous entraînez pour développer une meilleure version de vous-même. Les récentes études ont montré que la pandémie avait augmenté de 10 % notre temps de travail effectif. Nous travaillons de plus en plus et sous-estimons l'importance de prendre soin de soi et d'y consacrer le temps nécessaire. Nous croyons que la performance et le bien-être s'opposent l'un à l'autre, alors qu'ils se complètent. La différence ne se fait pas sur la quantité, la qualité ou l'intensité de travail mais sur l'équilibre entre la performance et la récupération.

Notre corps est notre meilleur supporter. Encore faut-il lui consacrer suffisamment d'attention ! Nous sommes réglés sur un rythme circadien, c'est-à-dire un rythme biologique d'une durée de 24 heures.

Nous démarrons notre journée après une nuit de sommeil avec un niveau d'énergie élevé et la terminons généralement dans un état de fatigue et de stress plus important qu'au début. En fin de compte, nous fonctionnons comme les batteries de nos appareils électroniques. Nous sommes rechargés à 100 % le matin et potentiellement à plat en fin de journée, sauf si nos batteries sont en mode longue durée ou si nous avons pensé à les recharger au cours de la journée.

Il existe quatre piliers pour « se recharger », récupérer et donc prendre soin de soi :

- bien dormir ;
- manger sainement et s'hydrater ;
- bouger ;
- faire des pauses.

Christophe et moi-même ne possédons pas d'expertise médicale sur un sujet sensible : la nutrition.

Si vous tapez sur votre moteur de recherche préféré le mot « nutrition », vous obtiendrez 741 millions de résultats. Le sujet fait débat. Les « chapelles » d'experts diététiciens-nutrionnistes sont nombreuses et loin d'être d'accord entre elles. Nous ne tomberons pas dans le piège de l'ultracrépidarianisme c'est-à-dire l'art de parler de ce que l'on ne connaît pas. Dans le cadre de cet ouvrage, nous ne traiterons pas le pilier « manger sainement et s'hydrater ». Dans un monde idéal, il faudrait, quotidiennement, prendre soin de soi sur ces quatre axes. Nous ne vivons pas dans un monde idéal et sommes « encerclés » par les contraintes. Au minimum, choisissez un axe sur les trois que nous allons détailler.

Bien dormir

Toutes les études montrent la relation de cause à effet entre bien-être et performance. Un sommeil de qualité est une des clés de notre bien-être. Nous vous renvoyons à l'ouvrage de référence, *La Révolution du sommeil : transformez votre vie, nuit après nuit*, d'Arianna Huffington[1]. Est-ce différent pour les grands champions ?

1. Éditions Fayard, 2017.

Dans son ouvrage *Peak: Secrets from the New Science of Expertise*[1], Anders Ericsson a étudié, sur plus de trente ans, les champions et numéros 1 dans leur domaine. Ses travaux de recherche identifient le sommeil comme facteur clé de leur performance, quel que soit le domaine d'expertise. En moyenne, les champions d'exception dorment 8 heures et 36 minutes par nuit.

Ces chiffres sont à comparer avec les 7 heures et 13 minutes de sommeil des Français pendant les jours de la semaine[2]. Nous ne dormons pas assez et toutes les données disponibles prouvent que cela nous rend anxieux, grincheux et moins efficaces dans ce que nous faisons.

Où est l'erreur ? Pourquoi cet écart entre ce que dit la science et nos comportements ? Parce que nous sommes pollués par des croyances.

Nous devons changer de rôle-modèle. Nous sommes pollués par un *storytelling* qui nous recommande insidieusement de peu dormir. Les grands leaders travaillent beaucoup. Pour travailler beaucoup, il faut dormir moins. Pour devenir de grands leaders, dormons peu. CQFD.

En 2016, une étude britannique intitulée « Sleep habits of 21 high effectively leaders » a analysé le sommeil de 21 leaders politiques et chefs d'entreprise. Elle révèle que nos dirigeants dorment en moyenne 6 heures par nuit et que plus de la moitié d'entre eux se lève avant 5 h 30 du matin. François Hollande et Nicolas Sarkozy ont déclaré dormir entre 6 heures et 6 heures 30 par nuit. Winston Churchill s'enorgueillissait de ne dormir que 5 heures ; Silvio Berlusconi entre 2 et 4 heures (l'étude ne précisant pas si s'allonger en galante compagnie était comptabilisé dans le temps de sommeil). En 2016, l'ouvrage

1. Éditions Bodley Head, 2017.
2. Source : Institut national du sommeil et de la vigilance.

Miracle Morning de Hal Elrod[1] connaît un succès retentissant. L'idée centrale se résume à : « levez-vous deux heures plus tôt et vous serez performant dans votre travail et heureux dans la vie ». Tim Cook, CEO d'Apple, se lève à 3 h 45 tous les matins pour faire du sport et se recentrer sur lui-même. Forts de tous ces témoignages, ne devrions-nous pas culpabiliser en faisant la grasse matinée jusqu'à 7 heures du matin ?

Il nous faut des personnages de référence qui se rebellent face à ces croyances désuètes.

Jeff Bezos, fondateur d'Amazon, a déclaré en 2018 : « Huit heures de sommeil font une grande différence pour moi, et je m'efforce d'en faire une priorité. Pour moi, c'est la quantité nécessaire pour me sentir plein d'énergie et excité. La plupart du temps, au cours de notre vie, nous n'avons pas besoin de maximiser le nombre de décisions que nous prenons chaque jour. Bien prendre un petit nombre de décisions clés est plus important que de prendre un grand nombre de décisions. »

Partageons un point de vigilance : nous ne sommes pas tous génétiquement égaux face au sommeil. Des chercheurs européens ont identifié un gène impactant la qualité de notre sommeil. Till Roenneberg et Karla Allebrandt (chronobiologistes à l'université Maximilians de Munich) ont mené une étude sur plus de 4 000 personnes dans sept pays européens aussi différents que l'Estonie et l'Italie. Leur analyse des comportements vis-à-vis du sommeil et des caractéristiques génétiques des participants à l'étude a montré que les personnes porteuses d'une variation du gène ABCC9 (gène du sommeil) dormaient généralement pendant une période « significativement plus courte » que les personnes porteuses de la version non altérée du gène. Selon leurs travaux, publiés en 2011 dans la revue *Molecular Psychiatry*, le gène ABCC9 explique environ 5 % de la variation

1. Éditions First, 2016.

dans la durée du sommeil. Les porteurs du gène ABCC9 ont moins besoin de dormir que ceux qui ne l'ont pas.

Christophe possède certainement le gène ABCC9. Il dort peu. En se couchant à 11 heures et en se levant à 5 heures tous les matins, six heures de sommeil lui suffisent pour exercer son métier.

Au-delà du constat, que faire ? Changer vos habitudes sur ce thème est difficile parce qu'elles touchent à l'individu, à l'intime et à la discipline personnelle. Une étude publiée en 2009 dans l'*European Journal of Social Psychology*[1] tord le cou à la croyance populaire selon laquelle il faut 21 jours pour changer une habitude. Pendant 12 semaines, les chercheurs ont demandé à 96 participants d'adopter un nouveau comportement (comme manger un fruit ou faire du jogging) tous les jours, à la même heure. Le temps nécessaire pour changer une habitude variait selon les sujets de l'expérience entre 18 jours et 254 jours, pour une moyenne de 66 jours. Si l'on se fie aux conclusions de cette étude, il faudrait donc en moyenne plus de deux mois pour adopter un nouveau comportement et non pas 21 jours.

Certaines nouvelles habitudes sont plus faciles à adopter que d'autres. Par exemple, manger un fruit par jour sera généralement plus rapide à mettre en œuvre que de devenir végétalien. Un objectif sur 21 jours motive. Ce n'est pas toujours suffisant pour ancrer une nouvelle habitude mais vous donne le temps d'en apprécier les bénéfices.

Les bonnes pratiques sont nombreuses et variées. La liste proposée ci-après n'est pas à appliquer à la lettre. Picorez et choisissez entre une et trois actions à appliquer sur deux mois. Dernier conseil, ne soyez pas trop exigeant avec vous-même. Accordez-vous des « pass d'immunité » en vous autorisant des écarts de

1. https://onlinelibrary.wiley.com/doi/abs/10.1002/ejsp.674

conduite une à deux fois par semaine. Faire c'est mieux que vouloir être parfait et c'est surtout moins difficile.

Liste de nos actions préférées pour mieux dormir

Arrêtez la caféine après 14 h.

Faites de l'exercice
(nous en reparlerons dans le pilier « Bouger »).

Prenez 18 respirations profondes avant de fermer les yeux
et de vous endormir.

Considérez votre chambre comme une grotte où l'on se repose
(lieu calme, peu de lumière, température entre 18 et 20 degrés).

Imitez le coucher du soleil
en éteignant vos écrans avant de vous coucher.
Leur lumière bleue limite la sécrétion
de mélatonine (hormone du sommeil)
et retarde votre endormissement.

Si vous n'arrivez pas à vous endormir
parce que vous déroulez le fil de la journée
et planifiez les tâches du lendemain, levez-vous
et notez sur un petit carnet tout ce qui vous trotte en tête.
Ne repartez pas sur vos écrans, cela vous maintiendrait éveillé.

Évitez le soir les aliments sucrés transformés (gâteaux).

Effectuez 10 minutes de pleine présence avant de vous coucher.

Le matin, exposez-vous à la lumière du jour pour réguler
votre horloge biologique. Le soleil, contrairement à la plupart
des ampoules, couvre une large gamme de couleurs.
Gamme qui envoie un signal à votre cerveau pour qu'il stoppe
la production d'hormones du sommeil.

Bouger

Pourquoi bouger ? Y aurait-il un impératif catégorique à le faire ? Est-ce dans l'air du temps ? Est-ce pour répondre aux canons de beauté occidentaux ? Est-ce pour repousser l'idée de la mort ou combler le vide laissé par la religion ? Sur ce thème, je vous renvoie aux propos décalés de Guillaume Cuchet dans son article « Petite métaphysique sociale du running »[1].

Nous passons en moyenne 7 heures et 24 minutes par jour assis[2] et ne sommes pas conçus biologiquement pour adopter un style de vie sédentaire. Rester assis sape notre énergie. Se focaliser sur nos petits ou gros bobos entrave notre créativité, et nous empêche de nous concentrer sur l'instant présent. Nous sommes davantage anxieux et de compagnie peu agréable. Ne pas bouger, c'est refuser de prendre soin de son corps et cela empêche de développer une meilleure version de soi-même. Quatre millions de personnes meurent chaque année par inactivité[3].

Si nous n'y prenons pas garde, la journée type d'un actif urbain ressemble à cela :

- un petit déjeuner assis en écoutant la radio ;
- grâce à la pandémie, vous avez économisé deux heures aller/retour de transport en commun ou de voiture. Malheureusement, vous restez encore plus longtemps assis chez vous, entre huit et onze heures ;
- vous dînez (assis) et regardez un film en famille, toujours assis.

En position assise, nous ne brûlons pas plus d'une calorie par minute.

1. https://www.cairn.info/revue-etudes-2017-7-page-41.htm
2. Source : étude 2018 de l'association Attitude Prévention.
3. Source : étude 2020, *British Journal of Sport Medicine* – https://bjsm.bmj.com/content/early/2021/03/01/bjsports-2020-103640

Comment améliorer la situation ? Par quoi commencer ?

Par ce qui est simple et facile. Si vous détestez le sport et n'êtes pas disposé à préparer un triathlon, commencez par des exercices modérés.

Deux heures et demie d'exercice modéré par semaine

Qu'est-ce que l'exercice modéré ? Marcher, tout simplement.

À moins de 5 000 pas par jour, vous êtes considéré comme sédentaire. Selon l'Organisation mondiale de la santé, effectuer l'équivalent de 10 000 pas quotidiens correspond au minimum d'activité requise pour se maintenir en forme, préserver sa santé et maîtriser son poids. En France, nous marchons en moyenne 7 525 pas par jour. Si vous êtes dans ce cas, il ne vous manque donc que 2 500 pas par jour pour atteindre l'objectif, soit 2 kilomètres.

De nombreuses opportunités s'offrent à vous pour atteindre cet objectif. Monter les étages à pied, plutôt que prendre l'ascenseur, vous fera brûler deux fois plus de calories. Garer votre véhicule à 300 mètres de votre lieu de rendez-vous présente plusieurs avantages : vous augmentez votre nombre de pas quotidien et faites fonctionner votre activité cérébrale en préparant mentalement votre réunion. On réfléchit mieux quand on est actif ! Les recherches de Justin Rhodes, chercheur à l'université de l'Illinois, révèlent que notre pression sanguine augmente lorsque nous bougeons. Plus de sang qui circule, c'est plus d'énergie et d'oxygène qui améliorent notre activité cérébrale et notre humeur. Marcher régulièrement 10 000 pas par jour contribue à améliorer votre résistance au stress.

Démarrer une nouvelle habitude commence par se fixer un objectif mesurable. Si vous souhaitez être davantage actif, vous devez mesurer le nombre de mouvements et de pas que vous réalisez chaque jour. Pour améliorer quelque chose, il faut le mesurer. Dans le cadre d'études réalisées en 2015, l'institut Gallup révèle que l'utilisation d'un podomètre augmente mécaniquement notre activité de 800 mètres par jour.

Deux heures de sport intensif par semaine

Les études montrent que faire 20 minutes de sport tous les matins recharge en énergie pour les douze prochaines heures. Il n'existe pas de remède miracle sur ce sujet. C'est par l'expérimentation que vous trouverez la bonne formule. Peu importe le sport que vous choisirez, l'essentiel sera de l'exercer régulièrement. Au même titre que vous notez vos rendez-vous professionnels dans votre agenda, inscrivez également vos séances d'activité sportive. En planifiant une tâche dans votre agenda, vous vous assurez de la réaliser.

Dans le tourbillon d'une journée souvent trop remplie, comment trouver le temps de faire de l'exercice ? En y mettant du jeu et en choisissant les bons moments. L'un de mes fils joue régulièrement aux jeux vidéo. À chaque heure passée sur sa console, il associe une routine de pompes et d'abdominaux. Le format standard d'exercices est de 10 minutes mais il dépend du résultat obtenu lors de ses parties vidéo. S'il perd contre un de ses amis lors d'une rencontre PSG/Real sur FIFA 2020, il se rajoute des séries d'exercices supplémentaires. Le record étant 150 pompes après un match désastreux de son équipe. Lier un événement agréable (un match FIFA) à un autre plus délicat (une série de pompes) est une excellente technique pour démarrer une nouvelle routine.

Choisir le bon moment pour une activité intensive renvoie aux buts poursuivis.

Faites du sport le matin si vous voulez :

- *perdre du poids :* au réveil, nous sommes à jeun depuis huit heures au moins. Notre taux de glycémie est au plus bas. Parce que nous avons besoin de combustible, en situation d'exercice notre corps puisera dans les graisses stockées dans nos tissus. Une séance d'entraînement à jeun brûle 20 % de graisses en plus qu'une séance post-repas ;

- *instaurer une nouvelle routine sportive :* une étude parue en 1998 dans l'*European Journal of Applied Physiology and Occupational Physiology*[1] indique que nous sommes plus enclins à respecter une routine d'entraînement le matin. Vous augmentez vos chances de succès en binôme ;
- *booster votre humeur :* le cardio-training (natation, course, promenade avec votre chien) contribue à améliorer votre humeur. Vous en sentirez les bienfaits tout au long de la journée.

Faites du sport en fin d'après-midi si vous voulez :

- *prendre davantage de plaisir :* on ressent moins l'effort l'après-midi même si on suit une routine d'exercice identique à celle du matin ;
- *augmenter votre niveau de performance :* s'entraîner l'après-midi vous aide à courir plus vite ou à soulever plus de fonte. Vos fonctions respiratoires tournent à plein régime, de sorte que votre système respiratoire peut distribuer plus d'oxygène. À ce moment de la journée, vos sens sont aiguisés. Votre temps de coordination entre l'œil et la main est plus court que le matin. Votre rythme cardiaque est plus bas. Votre tension également. Tous ces facteurs réunis contribuent à améliorer votre performance. Un nombre impressionnant de records olympiques (natation, athlétisme) ont été battus en fin d'après-midi ou en début de soirée.

1. Michael Deschenes, « Chronobiological Effects on Exercise: Performance and Selected Physiological Responses », n° 3, p. 249-256.

En fin de compte, nous sommes trop sédentaires et surchargés de travail. Faites de l'exercice quand vous le pouvez en fonction de votre emploi du temps, mais faites-le !

Faire des pauses

Comment être aligné entre nos pensées, nos mots et nos actes… sans faire de pauses ?

Nous consacrons du temps à développer nos compétences et notre corps. Pourquoi ne pas le faire également pour nos pensées ? Nos pensées sont à l'origine de tout ce que nous entreprenons. Elles sont nombreuses et fonctionnent comme un « singe ivre » : elles bougent en permanence, sautent d'un sujet à l'autre et nous distraient.

Récupérer ne concerne pas que notre corps mais également notre tête. Récupérer, c'est d'abord une compétence avec des routines et un peu de discipline pour les appliquer. Nous vous proposons ici quelques pratiques.

La méditation ou pleine présence

Cette pratique n'est pas nouvelle. Elle existe depuis plus de 2 500 ans. La résumer en une phrase donnerait : « Méditer consiste à se foutre la paix et à entrer en relation avec ce que vous sentez. »

En méditant, vous contrôlez votre attention et vous vous focalisez sur l'instant présent. Cette concentration nécessite de l'entraînement. Nous avons tous une fâcheuse tendance à nous auto-critiquer. Rappelez-vous le nombre de fois où, depuis le début de l'année, vous vous êtes dit « ce n'est pas assez bien ce que je fais ». Ressasser le passé vous déconcentre. Penser au futur, qu'il soit rose ou pas, également. Prendre conscience des choses qui vous empêchent de penser sereinement est le premier pas pour rester serein. Méditer sert à mieux vivre les situations inconfortables. Méditer c'est donc inconfortable, cela ne vous relaxera pas et ne vous rendra pas plus zen. Ce n'est pas l'objectif.

Deux questions aident à démarrer une première séance :

- Quelle est la dernière situation inconfortable et inattendue à laquelle vous avez fait face, qu'avez-vous ressenti comme émotions ?
- Quand vous stressez de ne pas réussir à faire bien, que faites-vous pour évacuer la pression ?

Il n'y a pas de « meilleur moment » pour s'entraîner à la pleine présence. Développez cette nouvelle habitude quand vous en avez le temps. Pour la plupart d'entre nous, c'est le matin. Pour démarrer, nous vous conseillons de lier cette nouvelle habitude à une autre déjà existante. Par exemple : immédiatement après m'être brossé les dents, je démarre une séance de pleine présence.

Le docteur Michael Gervais, psychologue américain, accompagne des sportifs détenteurs de records mondiaux, de titres olympiques, et des patrons de grandes entreprises américaines. Tous ses clients pratiquent la pleine présence. Ses recherches montrent qu'une séance quotidienne au minimum de 8 minutes par jour pendant 21 jours aide à développer la concentration et la sérénité. La durée optimale, reconnue par les spécialistes, approche plutôt les 20 minutes.

Quelques années plus tôt, mon premier échange avec un ami dirigeant sur la méditation s'était conclu par une affirmation de ma part : « Ce n'est pas pour moi. Je n'ai pas de temps. Pas de temps à perdre. » La réponse de mon ami avait tordu le cou à cette croyance : « Penses-tu que j'ai du temps à perdre, moi ? » Dans nos quotidiens, le temps est une denrée rare.

Il y a trois manières de développer sereinement une meilleure version de vous-même : devenir plus compétent, prendre soin de vous et bien penser. La méditation aide à bien penser en se focalisant sur l'instant présent. La question à se poser est donc la suivante : Suis-je sûr de vouloir développer une meilleure version de moi-même sans développer ma concentration sur l'instant présent ? Suis-je sûr que la pleine présence ne peut pas m'aider à atteindre mes cinq priorités ? Soyez curieux plutôt que critique. Essayez.

Les breaks

Au même titre que la méditation, toutes les autres pauses ont mauvaise réputation. Nous les considérons comme une perte de temps.

Si la méditation est, par commodité, une activité matinale, les pauses s'imposent l'après-midi. Dans cette partie de la journée, nous passons trop de temps sur des tâches fastidieuses (réunions, e-mails, rédaction de documents) et fonctionnons en mode automatique. Pour enrayer ce phénomène, faites de courtes pauses dans l'après-midi, toutes les heures ou chaque fois que vous peinez sur un des sujets évoqués quelques lignes plus haut.

La version pour débutant consiste à poser votre regard pendant 20 secondes à 20 mètres de distance sur un point fixe. Levez-vous pour le faire. Vous pouvez prétexter que vous avez mal aux jambes ou que vous vous concentrez mieux debout. Une étude publiée en 2016 par l'*International Journal of Behavioral Nutrition and Physical Activity* montre l'importance de quitter la position assise[1].

1. https://ijbnpa.biomedcentral.com/articles/10.1186/s12966-016-0437-z?affinity=anthem

La version pour candidat confirmé consiste à faire une pause de 5 minutes toutes les heures. Et de la faire en marchant. Cette pratique est beaucoup efficace qu'une pause de 20 à 30 minutes toutes les deux heures.

Nous avons évoqué plus haut les recherches d'Anders Ericsson. Elles indiquent également que les champions d'exception (joueurs d'échecs, musiciens, acteurs ou athlètes) font des pauses fréquentes, comprises entre 5 et 15 minutes par heure. Ces arrêts réguliers évitent la fatigue et facilitent la recharge d'énergie.

Soyez bien accompagné

La socialisation améliore l'efficacité des pauses réparatrices. Dans l'exercice de professions à haut stress (personnels de santé), les pauses collectives atténuent la tension physique et limitent les erreurs médicales. Un bénéfice collatéral a été également constaté : le taux de démissions diminue. Une étude menée en Corée du Sud montre qu'aborder des sujets hors travail avec ses collègues pendant les pauses diminue le stress et redonne le sourire.

Sortez dehors

La nature nous apaise et nous (re)donne confiance en nous. Nous avons besoin d'elle pour nous ressourcer. Nous sommes des animaux (sociaux), composants de la nature. Une étude publiée en 2010 par la National Library of Medicine révèle l'impact de la présence d'eau et d'espaces verts pour améliorer notre humeur et notre estime de soi[1].

1. https://pubmed.ncbi.nlm.nih.gov/20337470/

Faites quelques pauses « digital detox »

Dans l'enquête annuelle « Stress in America » de l'American Psychological Association, 18 % des participants ont cité l'utilisation de la technologie comme une source importante de stress dans leur vie. Pour beaucoup, la connexion numérique omniprésente et le besoin constant de vérifier les e-mails, les SMS et les réseaux sociaux génèrent un stress intense.

Faire une pause, c'est aussi s'occuper de son corps en marchant ou en faisant des étirements. Chaque fois que vous regardez l'écran de votre portable, vous activez vos fonctions cognitives. Vous n'êtes donc pas totalement en pause. Mettez votre smartphone en mode avion. L'étude coréenne citée plus haut montre que nous repartons de meilleure humeur et moins stressé au terme d'une pause « full digital detox ».

Résumons-nous. Pour une pause réparatrice idéale, faites une courte balade de 5 minutes, à l'extérieur, sans votre téléphone, avec quelqu'un avec qui vous ne parlerez pas boulot.

En résumé

Comment récupérer en 60 secondes

Nous croyons que la performance et le bien-être s'opposent l'un à l'autre, alors qu'ils se complètent. La différence ne se fait pas sur la quantité, la qualité où l'intensité de travail mais sur l'équilibre entre la performance et la récupération.

Bien dormir

Nous dormons en moyenne 7 heures et 13 minutes pendant les jours de la semaine : ce n'est pas suffisant. Le psychologue Anders Ericsson a étudié sur plus de trente ans les numéros 1 dans leur domaine : en moyenne, ils dorment 8 heures et 36 minutes par nuit.

Pour mieux dormir :

- arrêtez la caféine après 14 h ;
- prenez 18 respirations profondes avant de fermer les yeux et de vous endormir ;
- considérez votre chambre comme une grotte où l'on se repose (lieu calme, peu de lumière).

Bouger

Selon l'OMS, marcher 10 000 pas quotidiennement correspond au minimum d'activité requise pour se maintenir en forme, préserver sa santé et maîtriser son poids. Cela contribue également à améliorer sa résistance au stress.

Faites également deux heures de sport intensif par semaine.

Choisir le bon moment pour cela renvoie aux buts poursuivis :

- faites du sport le matin si vous voulez perdre du poids, instaurer une nouvelle routine sportive et booster votre humeur ;
- faites du sport en fin d'après-midi si vous voulez y prendre davantage de plaisir et augmenter votre niveau de performance.

Faire des pauses

La méditation aide à bien penser en se focalisant sur l'instant présent. Méditer consiste à « se foutre la paix et entrer en relation avec ce que l'on sent ». Les recherches du docteur Michael Gervais montrent qu'une séance quotidienne au minimum de 8 minutes par jour pendant 21 jours aide à développer sa concentration et sa sérénité.

Pour une pause réparatrice idéale l'après-midi, faites une courte balade de 5 minutes, à l'extérieur, sans votre téléphone, avec quelqu'un avec qui vous ne parlerez pas boulot.

8

COMMENT CONSTRUIRE SOI-MÊME SON OPTIMISME ?

*« Le bonheur est un coup de dé
mais la bonne humeur est une discipline. »*

CHARLES TRENET

Depuis quinze ans, j'ai la chance de rencontrer des dirigeants hors pair, des entraîneurs performants, des athlètes référents dans leur domaine, des experts de renommée internationale. Tous, sans exception, sont fondamentalement optimistes. Et pourtant l'optimisme n'est jamais la qualité mise en avant pour expliquer leurs performances hors du commun. Plusieurs raisons à cela. En France, la principale renvoie à la mauvaise réputation de l'optimiste. Être optimiste, de surcroît en période de pandémie, c'est suspect.

La mauvaise réputation de l'optimisme

En parlant de quelqu'un qui a un naturel optimiste, il est courant d'entendre dire qu'il «prend ses désirs pour la réalité», «voit la vie en rose», «prend la vie comme elle vient», «a toujours bon moral». L'implicite de ces affirmations est clair: l'optimiste serait un naïf, un doux rêveur. Maupassant écrivait: «Bienheureux, les simples d'esprit. Ils ont l'illusion du bonheur.» Or l'optimisme, ce n'est pas du tout de la naïveté – posture qui consiste à croire que des événements heureux surviendront sans entraînement, sans préparation ou sans efforts de notre part. Le coût de la naïveté est élevé. Il met l'ingénu en état de pression intense car il ne fait pas ce qu'il dit. Cet écart entre intentions et actions le met sous pression. Parce qu'il procrastine ou échoue dans la mise en œuvre d'actions, sa crédulité lui fait perdre confiance en lui. Perte de confiance d'autant plus problématique qu'elle est contagieuse auprès de son entourage.

L'optimisme est une croyance que quelque chose de bien est sur le point de se produire. C'est d'abord une façon de voir positivement le monde, cette lecture influençant nos choix au quotidien. Quant au pessimiste, le psychiatre Christophe André le présente ainsi : « Celui qui, face à une incertitude, a tendance à préférer une certitude négative. En toutes circonstances, le pessimiste préfère voir le pire. »

Une croyance tenace partage le monde en deux : d'un côté les optimistes ; de l'autre les pessimistes. La réalité est un peu plus compliquée que cela. Optimisme et pessimisme fonctionnent tous deux en polarité, en tension, et ce tout au long de notre vie. Cette polarité est utile car elle nous tempère. Nous avons tous en nous les germes du pessimisme et de l'optimisme, au même titre que nous pouvons utiliser nos deux mains, mais nous avons une préférence pour la droite ou la gauche. De la même manière, chez certains l'optimisme est premier, le pessimisme second. Chez d'autres, c'est l'inverse.

D'où vient l'optimisme ?

De nombreux chercheurs se sont intéressés à l'optimisme, à la part d'inné (ce qui est hérité génétiquement) et d'acquis (ce qui peut être appris par l'expérience de la vie). Freud pensait que la part d'inné approchait 80 % et que l'optimisme était une illusion dangereuse dont il fallait se méfier. Depuis 1998, les recherches sur l'optimisme se sont popularisées grâce à une nouvelle discipline de la psychologie : la psychologie positive. Elle s'intéresse surtout à la santé et au bien-être, à ce qui nous rend résilients, heureux et optimistes, plutôt qu'aux psychopathologies. Cette nouvelle école est portée par un enseignant-chercheur américain : Martin Seligman. À l'origine, Seligman était spécialiste de la dépression et s'est fait connaître dans les années 1960 par ses travaux sur le thème de la résignation acquise. Il y démontrait que des individus apprennent à renoncer, à baisser les bras face à des événements douloureux. Si on peut apprendre à se résigner, on peut donc apprendre à s'enthousiasmer. Dans les années 1970, Seligman « pivote », comme disent nos amis start-uppers : il s'intéressera désormais au bien-être subjectif, donc à l'optimisme.

Dans le cadre de ses travaux de recherche, Seligman a réalisé une expérience sur une cohorte de plusieurs milliers de personnes. Les consignes étaient simples. Sur une période de sept jours, il a demandé aux participants d'être attentifs à ce qui leur arrivait de positif dans leur quotidien. À la fin de la journée, chacun d'entre eux devait noter dans un carnet les trois événements les plus agréables qu'il avait vécus. Élément de contexte essentiel, tous les participants étaient cliniquement dépressifs. Cette période de sept jours a stabilisé leur dépression. Deux points clés ressortent de cette expérience : tous ont perçu une amélioration de leur perception du bien-être et se sont sentis davantage optimistes. Il y a bien une part d'acquis dans l'optimisme. Des résultats probants peuvent être obtenus en très peu de temps.

La psychologie positive ne doit pas être confondue avec la pensée positive, méthode Coué basée sur l'autosuggestion. Depuis plus de vingt ans, les expériences de Seligman révèlent que la part d'acquis pour l'optimisme varie entre 50 et 70 %. Il s'agit d'une excellente nouvelle ! L'optimisme se construit et le ressentir davantage dépend de vous.

Comment se comporte un optimiste ?

L'étymologie du mot nous fournit une première réponse. Il aurait été employé la première fois, en 1737, par des pères jésuites. Il s'agit d'un néologisme dérivé du latin *optimus* (le meilleur), lui-même superlatif de *bonus* (bon).

On reconnaît l'optimiste à trois comportements :

- *il fait des paris positifs sur l'avenir* – Même s'il n'a pas la solution face aux problèmes qu'il rencontre, il n'a de cesse de réfléchir à des solutions. Dans le doute, il préfère tenter plutôt que s'abstenir ;
- *il agit* – À la différence du pessimiste qui doute de sa capacité à influer le cours des choses, l'optimiste s'engage. Il fait. Faire quelque chose (même n'importe quoi) change la donne initiale. Il considère que rencontrer des gens, rechercher des informations ou prendre une décision influence le cours des événements. Les grands optimistes font mieux : ils agissent à la puissance deux car ils sont persévérants. Chez eux, cette persévérance correspond à une intensité maximale dans l'action. Personne n'aime échouer. Le grand optimiste essaye une fois de plus que les autres. Il finit presque toujours par gagner parce qu'il est le dernier à se décourager ;
- *il accepte son pessimisme* – Ce qui lui évite d'être dans le déni de la réalité et de se transformer en niais. La série *Ted Lasso*, diffusée sur Apple TV+ à partir de 2020, est la meilleure illustration de ce comportement. Ted Lasso est un coach américain du Kansas. Alors qu'il ne connaît rien aux règles, il débarque en Angleterre pour entraîner une équipe de foot de Premier League en difficulté. Tous les personnages principaux traversent une crise existentielle. À la suite d'une défaite injuste, alors qu'il est en plein divorce, Ted Lasso dit à ses joueurs : « Il y a pire qu'être triste : être triste et seul. Alors soyons tristes ensemble. »

Êtes-vous optimiste ?

Le cadre étant posé, comment savoir si vous êtes un peu, beaucoup ou pas du tout optimiste ? Développé par le psychologue Michael Scheier et ses collègues (1994), le Revised Life Orientation Test (LOT-R) est une échelle de dix éléments qui mesure votre degré d'optimisme ou de pessimisme face à l'avenir. Ce test montre que le niveau d'optimisme et de pessimisme n'est pas constant. Face à un stress intense, votre optimisme diminue. À l'inverse, il augmente chez les femmes enceintes. Autre bénéfice collatéral du LOT-R, ses résultats permettent de définir par pays un index d'optimisme. Vous ne serez pas surpris d'apprendre que la France ne fait pas partie des pays les plus optimistes du monde ! Notre index d'optimisme est à 59 sur 100, soit 10 points derrière la Norvège, champion européen de l'optimisme[1].

Le rapport 2020 de l'Observatoire du bien-être du Cepremap confirme que les Français ont une vision pessimiste de l'avenir, avec 38 % d'entre eux qui affirment ne pas avoir confiance dans l'avenir.

Nous sommes modérément optimistes pour ce qui relève de notre avenir personnel, et pessimistes pour ce qui relève de l'avenir collectif. Interrogés sur la période à laquelle nous aimerions vivre, nous préférons massivement le présent ou le passé à l'avenir.

Ferez-vous mentir ces données macroscopiques en répondant au test LOT-R ?

Mettez une croix dans la case qui vous convient le mieux. Soyez aussi exact et honnête que possible : répondez comme vous le sentez et pas selon ce que vous croyez que d'autres

1. Source : Michel Lejoyeux, *Les 5 clés du comportement : construire soi-même son optimisme*, Le Livre de Poche, 2015.

répondraient… Évitez qu'une réponse n'influence les autres. Il n'y a pas de « bonne » ou de « mauvaise » réponse.

Test LOT-R

	A) Tout à fait d'accord	B) Plutôt d'accord	C) Indifférent	D) Plutôt pas d'accord	E) Pas du tout d'accord
1. Dans les périodes incertaines, je m'attends généralement au meilleur.					
2. Il est facile pour moi de me détendre.					
3. Si quelque chose doit aller mal, cela sera pour moi.					
4. Je suis toujours optimiste quant à mon avenir.					
5. J'apprécie beaucoup mes amis.					
6. Il est important pour moi d'être occupé.					
7. Je m'attends rarement à ce que les choses aillent comme je le veux.					
8. Je ne me fâche pas facilement.					
9. Je m'attends rarement à ce que de bonnes choses m'arrivent.					
10. Tout compte fait, je m'attends à ce qu'il m'arrive plus de bonnes choses que de mauvaises.					

Grille de réponse du test

Les questions 2, 5, 6 et 8 sont les « leurres » et ne rentrent pas en compte dans le calcul final.

Pour les questions 1, 4 et 10 :

- la réponse A = quatre points ;
- la réponse B = trois points ;
- la réponse C = deux points ;
- la réponse D = un point ;
- la réponse E = zéro point.

Pour les questions 3, 7 et 9 :

- la réponse A = zéro point ;
- la réponse B = un point ;
- la réponse C = deux points ;
- la réponse D = trois points ;
- la réponse E = quatre points.

Plus votre score est haut (maximum 24), plus votre niveau d'optimisme est élevé.

En dessous de 15, vous êtes soit pessimiste, soit d'un optimisme modéré… Entre 15 et 19, votre œil directeur c'est l'optimisme, vous êtes naturellement optimiste. Au-delà de 20, bravo : vous êtes un grand optimiste.

Christophe Urios est-il vraiment optimiste ?

Avant de le connaître et de partager depuis trois ans des centaines d'heures à ses côtés, j'aurais certainement répondu « non ».

L'image publique, forcément réductrice, le présente comme un râleur à qui il ne faut pas « chercher des noises ». Sa vidéo la plus populaire sur YouTube, avec 217 000 vues, est celle de son altercation avec Fabien Galthié en 2017, alors entraîneur du RC Toulon. Cette légère caresse adressée à l'actuel sélectionneur de l'équipe de France a beaucoup contribué à son image de râleur/belliqueux.

Et pourtant, c'est tout le contraire. Christophe est un optimiste invétéré. Compétence qui s'est installée au fil des ans et renforcée par la pandémie.

Vous avez répondu précédemment au test LOT-R. Comparez vos réponses à celles de Christophe.

Réponses de Christophe Urios au test LOT-R, août 2021

	Tout à fait d'accord	Plutôt d'accord	Indifférent	Plutôt pas d'accord	Pas du tout d'accord
1. Dans les périodes incertaines, je m'attends généralement au meilleur.		X			
2. Il est facile pour moi de me détendre.	X				
3. Si quelque chose doit aller mal, cela sera pour moi.					X
4. Je suis toujours optimiste quant à mon avenir.	X				
5. J'apprécie beaucoup mes amis.	X				
6. Il est important pour moi d'être occupé.	X				

7. Je m'attends rarement à ce que les choses aillent comme je le veux.		X			
8. Je ne me fâche pas facilement.			X		
9. Je m'attends rarement à ce que de bonnes choses m'arrivent.					X
10. Tout compte fait, je m'attends à ce qu'il m'arrive plus de bonnes choses que de mauvaises.	X				

Frédéric Rey-Millet : Ton résultat au test LOT-R est très élevé, avec un score presque parfait (23/24). Quand tu regardes dans le rétroviseur, quel a été le moment où le pessimisme était le plus présent ?

Christophe Urios : J'ai en tête une période et un match. La période, c'est décembre 2020. Mon staff râle parce que c'est dur. Les joueurs se plaignent de la situation. Elle est incertaine et anxiogène. Il a fallu que je les recadre fermement. Sans me mettre en colère. Je leur ai dit : « Écoutez-moi bien tous. Je comprends que c'est dur. Mais de le dire, cela ne rendra pas les choses plus faciles. OK, on va faire des Zooms et on trouvera des solutions pour garder du lien entre nous. Si vous n'êtes pas capables d'assumer cela, vous avez le droit de quitter le projet. » Ce qui est incroyable, c'est que notre calendrier de janvier 2021 était très, très dur. Nous avons engrangé 20 points sur 25 possibles. Mon groupe a besoin de cela pour réagir.

Le summum du pessimisme, nous l'avons vécu en janvier 2021. Nous recevons Clermont. Match nul. 16 partout. On fait un bon match, on n'est pas très bien arbitrés, mais bon… Dans une saison, ce sont des choses qui arrivent. À la fin du match, en rentrant aux vestiaires, les discussions que j'avais avec mon staff étaient lunaires. En les écoutant, j'avais l'impression que nous avions perdu le match. Mon sang n'a fait qu'un tour. Je leur ai dit : « Je ne veux plus voir un mec qui fait la gueule. Je veux voir des gars qui travaillent. La douceur de vivre à Bordeaux ne doit pas être une excuse pour laisser s'installer un pessimisme ambiant. On s'en fout du contexte extérieur. Il faut se concentrer sur ce qui dépend de nous. » Et là, j'ai senti le groupe pivoter dans le bon sens. Si je ne faisais pas cela, je ne sais pas comment cela se passerait. Il faut s'accrocher, avoir le goût de l'effort. Je ne connais pas de grands champions qui réussissent sans labeur. Pourquoi la douceur de vivre, le bassin d'Arcachon, les huîtres, les grands crus bordelais nous empêcheraient de nous forger une attitude optimiste ? Une attitude de champions. Quelques mois plus tard, le président Marti m'a avoué que ma réaction l'avait marqué. Ce refus du fatalisme lui a fait dire : « Je sais ce que tu apportes à l'équipe que les précédents coachs n'apportaient pas. » Il était temps qu'il s'en rende compte *(rires)* !

Tu n'es donc jamais pessimiste ?

Si, mais j'ai des routines qui me permettent de tourner la page rapidement. À la fin de chaque saison, je conçois un PowerPoint de synthèse. Je le partage avec mon staff. Au début d'une nouvelle saison, nous le revisitons et basculons sur les objectifs futurs. Dans mon comportement de tous les jours, c'est encore plus simple. Si je ne suis pas content, je le dis tout de suite. Cela m'évite de ruminer, de monter en pression. Dès que c'est fait, je tourne la page. Lorsque nous avons redémarré la saison, j'ai demandé aux joueurs d'écrire sur un Post-it en un mot leur état d'esprit. Un petit nombre regrettait la défaite contre Toulouse en demi-finale du Top 14. Ils la considéraient comme imméritée. Je suis d'accord avec eux sur ce point mais pour le reste, il faut laisser partir la peine du passé et croire en nos futures réussites. Je suis un optimiste réaliste. Je ne dis pas que demain matin, je vais reprendre le footing. Il faut que je perde 25 kilos et cela me prendra plusieurs mois !

La réaction de Christophe illustre un point commun aux grands optimistes : il remplace le sentiment pessimiste par un optimisme d'action, par une volonté d'agir. D'agir vite car le temps est compté pour lui.

Est-ce vraiment utile d'être optimiste ?

Un ouvrage entier ne suffirait pas à lister tous les bénéfices de l'optimisme. Mais deux d'entres eux surpassent tous les autres.

Être optimiste, c'est bon pour la santé !

Dans une étude dont la synthèse a été publiée par *The Times of Israël* en juin 2021, des chercheurs de l'Université hébraïque ont suivi, pendant trente ans, 1 200 seniors en mesurant le regard positif qu'ils portaient sur la vie. Cette étude menée par le professeur Jeremy Jacobs et le docteur Yoram Maaravi a analysé leur santé, leurs capacités physiques, leur bien-être économique, leurs compétences sociales, leur niveau d'anxiété, leur intégrité et leur optimisme, cela pendant plus de trente ans. « Nos conclusions indiquent que l'optimisme a un impact sur la survie tandis que d'autres études ont montré qu'il améliorait les fonctions liées à la santé – comme le système immunitaire –, ce qui réduit les facteurs de risque en termes d'hypertension ou de problème cardiaque, et même peut-être de cancer », explique le docteur Maaravi.

Les deux chercheurs ont également interrogé les participants au fil des ans. En utilisant les données collectées depuis les années 1990, ils confirment qu'il existe un lien direct entre une attitude positive et la longévité. Les participants, âgés de 85 à 90 ans, dont la note d'optimisme était élevée présentaient un meilleur taux de survie – à hauteur de 20 % – par rapport à ceux qui étaient plus pessimistes. Dans la catégorie des 90 ans et plus, ce pourcentage grimpait à 25 %. « Il ne faut pas voir l'optimisme comme un trait avec lequel nous serions nés mais bien un trait que nous pouvons développer » commente Maaravi, qui ajoute : « Il est important de réfléchir aux moyens d'améliorer l'optimisme parce qu'il apparaît plus clairement que jamais qu'il peut aider les personnes à tous les stades de la vie. » En clair, l'optimisme permet de vivre en bonne santé plus longtemps.

Pour revenir à un sujet d'actualité, qu'en est-il de l'optimisme comme rempart face à la maladie et plus précisément face à la Covid-19 ? Dans le cadre de l'écriture de cet ouvrage, j'ai posé la question à Pierre-Marie Lledo, de l'Institut Pasteur. Sa réponse est limpide : « Depuis quelques années, nous avons fait des progrès immenses dans une nouvelle branche de la neurologie : la neuro-immunologie. Un des pouvoirs de notre cerveau, c'est d'agir sur la robustesse de notre système immunitaire. Une personne optimiste, connaissant le bonheur, va résister face à des agents pathogènes, quand des pessimistes vont s'effondrer et se retrouver en réanimation. Lorsqu'on évoque les fameux facteurs de comorbidité, on parle de la surcharge pondérale, des maladies auto-immunitaires, mais on oublie la dimension optimiste/pessimiste. Je travaille avec le service des soins intensifs de l'hôpital Sainte-Anne à Paris. Un patient a plus de chances de survie s'il est optimiste sur ses chances de s'en sortir. Être optimiste renvoie à la volonté, au goût de l'effort et à la persévérance. Quand on regarde les paramètres biologiques, il y a des gens dont tous les signes cliniques sont dans le vert et deux jours après, la personne meurt. À l'inverse, d'autres sont dans le rouge sur les signes cliniques (coma profond, par exemple), et deux mois plus tard, le patient est sur pied. La dimension inconsciente du cerveau continue à gérer les organes, soit pour lutter, soit pour dire "j'abandonne". Ce contrôle inconscient est l'expression de l'optimisme ou du pessimisme de la personne avant une maladie grave telle qu'une forme sévère de Covid.

Désormais, nous avons des données quantifiables, objectives et reproductibles sur le sujet. »

Le second bénéfice révèle le caractère altruiste de l'optimisme.

Être optimiste inspire notre entourage

À la différence du naïf, l'optimiste agit et fait ce qu'il dit. L'optimisme est un sport collectif. De commerce agréable, les optimistes sont populaires. Nous avons plaisir à les fréquenter. Sauf cas pathologique, assez peu d'entre nous recherchent la compagnie des pessimistes ! Le philosophe Alain disait que le grand pouvoir de l'optimisme, c'est de faire penser au printemps. Inspirer, c'était l'une des premières priorités de Christophe lors de son arrivée à l'UBB en septembre 2019.

> **Dès ta prise de fonction à l'UBB, tu t'es fixé comme ligne de conduite de « faire chanter Chaban » *(stade où jouent les Bordelais à domicile)*, pourquoi ?**
>
> Avec ma précédente équipe (Castres), lorsque nous jouions à Bordeaux, nous avions remarqué l'importance du public. Le stade Chaban-Delmas (avant la crise Covid) avait une des meilleures affluences d'Europe, avec près de 30000 spectateurs à chaque match. Quand le public bordelais chante et soutient son équipe, elle devient difficile à jouer. En tant que coach adverse, ma consigne était claire : faire taire Chaban ! Désormais coach de l'UBB, je demande l'inverse à mes joueurs : faire chanter Chaban. Notre façon de jouer, offensive, dynamique, doit donner envie au public de nous soutenir. Dès les premiers entraînements, j'ai été surpris par le plaisir qu'avaient les joueurs à travailler les combinaisons offensives. Pour le travail défensif, c'est moins naturel. Donc on travaille le sujet.

Les joueurs ont dû être réceptifs aux messages de Christophe. Sur la saison 2020/2021, la défense de l'UBB est classée seconde du Top 14 derrière celle de La Rochelle.

Quelles autres actions as-tu engagées pour inspirer ?

On joue pour nos supporters. Pour les intégrer à notre projet, il faut les rencontrer régulièrement. Sept à huit fois dans la saison, j'échange avec environ 80 à 100 supporters sur un format d'une heure. Je leur donne de la visibilité sur notre parcours, nos joies, nos peines et nos doutes.

Inspirer les autres, cela concerne d'abord ton groupe de joueurs. Depuis 2007, tu organises des « épreuves olympiques ». À Castres, cela s'appelait les « Olympiades », à Bordeaux ce sont les « Bacchus ». Comment as-tu eu cette idée ? Comment cela fonctionne-t-il ?

Chaque début de saison, l'idée est de créer du lien et du liant dans le groupe. Des nouveaux joueurs arrivent. D'autres partent. Avant 2007, j'organisais des challenges entre les joueurs mais il n'y avait pas de cohérence d'ensemble. Je n'étais pas satisfait de ce que je faisais. J'ai décidé de moderniser le dispositif et de l'affiner au fil des saisons avec les Olympiades puis les Bacchus.

Le principe est le suivant : dès le premier jour de la reprise (fin juillet), les joueurs sont répartis en quatre groupes et s'affrontent dans le cadre de challenges sportifs et culturels. Les objectifs des Bacchus sont :

– développer la cohésion entre « anciens », jeunes et recrues ;
– créer un état d'esprit « souffrir ENSEMBLE » ;
– impulser une ambiance de travail conviviale ;
– accepter l'injustice de l'arbitrage ;
– et à la fin, gagner.

Nos Bacchus doivent également être en lien avec le territoire.

Un lien avec le territoire ? C'est-à-dire ?

L'équipe s'insère dans un contexte d'ensemble. Il n'y a rien de plus insupportable que de rester dans sa bulle quand on est sportif professionnel. D'être « hors sol » par rapport à son environnement. Il existe une convivialité et un art de vivre à

la bordelaise : la gastronomie, le vin, le bassin d'Arcachon, les huîtres, etc. Par notre façon de jouer, nous devons incarner cet art de vivre. Les trois journées Bacchus se déroulent au contact de nos supporters dans différents endroits du département.
Fin juillet 2021, la première manche s'est déroulée dans le domaine départemental d'Hostens (espace dédié aux sports sur 750 hectares et cinq lacs). Les joueurs ont dormi à la belle étoile. C'était une bande-annonce, un peu inconfortable, des épreuves du lendemain.
La première journée comporte six épreuves : lutte, paddle géant, rugby sur sable, mur d'escalade, tir à l'arc et tir à la corde sur sable.
La seconde a lieu début août dans le libournais, au château Bellefont-Belcier, grand cru classé de Saint-Émilion. Au programme, course de relais dans les vignes avec hotte de vendangeur sur le dos, balade collective chronométrée avec une barrique à transporter et dégustation de vins à l'aveugle.
La dernière réunit dans un théâtre 800 de nos supporters. Chaque équipe joue une pièce de 20 minutes sur la base d'un thème, « Soyez un héros », sujet qui leur a été communiqué trois semaines plus tôt.

Dans quelle mesure les Bacchus servent-elles le projet sportif ?

La consigne est simple : les joueurs ont le droit de s'amuser, avec un seul objectif final, gagner. Y arriver est essentiel mais la manière pour y parvenir m'importe davantage.
Tout d'abord, cela facilite l'intégration des nouveaux joueurs. C'est surtout un formidable terrain d'expérimentation et d'observation. Qui sont les leaders ? Les suiveurs ? Comment s'organisent-ils sous pression ? Sont-ils confortables avec l'inconfort ? Sont-ils créatifs ? Comment réagissent-ils face aux surprises que nous leur réservons ? Au-delà du challenge sportif, les Bacchus sont un art de vivre. À savoir, bien vivre, bien fonctionner pour bien jouer et ensuite gagner des matchs.

> La façon dont les joueurs se comportent durant ces épreuves est souvent un baromètre pour la suite de la saison. Des Bacchus réussies annoncent une saison de qualité.

Que retirer des propos de Christophe ?

Être optimiste, c'est d'abord optimiser : tenter de nouvelles choses, changer sa façon de faire et donc sortir de sa zone de confort. Sortir de sa zone de confort consiste à faire des efforts. Faire des efforts, c'est contraignant. Comment faire des choses contraignantes ? En s'amusant.

La démarche est la même en entreprise. Elle n'est pas réservée aux sportifs professionnels.

Dans le cadre de notre premier ouvrage, *Management Game*, co-écrit avec Isabelle Rey-Millet[1], nous avions aimé le « challenge crêpes » de la Société Générale : en 2014, une de nos clientes, directrice d'un des quatre *call centers* de la banque, avait lancé un défi de vente pour stimuler une équipe de télévendeurs. Pour les inciter à commercialiser un package de produits financiers, elle s'était engagée, période de chandeleur oblige, à leur préparer des crêpes à chaque vente. Au bureau. Cette surprise a connu un tel succès qu'elle a dû demander de l'aide à plusieurs membres de son équipe de direction pour préparer davantage de crêpes.

Pourquoi ne pourrions-nous pas utiliser le sourire pour optimiser nos vies quotidiennes ?

Pendant le confinement, plusieurs d'entre nous ont décidé de reprendre une activité sportive. Comment démarrer ou redémarrer et en faire une routine régulière ? En vous auto-récompensant. En écoutant, par exemple, un podcast qui vous

1. Éditions Alisio, 2015.

intéresse. La promesse d'une récompense agréable pendant l'effort stimule notre niveau de dopamine. C'est dur de courir mais cela vous permettra d'écouter une émission que vous vous étiez promis d'écouter depuis des semaines. C'est bien mais ce n'est pas suffisant. Comme pour les Bacchus, fixez-vous un challenge. Celui de progresser. Non pas pour battre le record du monde de la discipline mais juste pour vous auto-injecter une dose de dopamine en progressant d'1 %. Juste pour avoir le plaisir de vous auto-féliciter et de vous dire que vous progressez ou à l'inverse que vous avez échoué. Dites-vous la vérité. Qu'elle soit agréable ou pas. C'est le meilleur moyen de vous transformer en optimiste/volontaire.

J'ai gardé le meilleur pour la fin : soyez gentil avec vous-même. Une trop grande rigidité est l'ennemie des bonnes habitudes que vous souhaitez mettre en place. Surprenez-vous en changeant les horaires de vos nouvelles routines. Une flexibilité dans la mise en œuvre de routines facilite davantage l'ancrage à long terme que les routines rigides.

Par quoi commencer ?

Tout dépend de votre auto-diagnostic réalisé précédemment. Du chemin que vous souhaitez parcourir sur la route de l'optimisme. Devenir un grand optimiste nécessite un plan d'entraînement rigoureux à la Christophe Urios. Raison de plus pour commencer par de petits pas.

Oscar Wilde disait que les gens qui ne rient jamais ne sont pas des gens sérieux.

- *Souriez*. D'abord à vous-même. Dites-vous que vous faites des choses formidables et qu'il n'y a pas de raison que cela s'arrête du jour au lendemain. À chaque bonne nouvelle, partagez-la avec trois personnes. La communication s'exprime dans le non-verbal. Souriez également aux gens que vous rencontrez. Fréquentez davantage d'optimistes. Les pages précédentes vous donnent des clés de lecture pour les reconnaître plus facilement. Observez comment ils fonctionnent.

- *Tolérez le droit à l'imperfection et choisissez vos combats.* Atteindre la perfection, cela nous arrive rarement. Soyez aussi tolérant avec vous-même qu'avec ceux qui vous entourent. Est-ce à dire qu'il faut revoir vos exigences à la baisse ? Non, mais le fameux « Être heureux ou avoir raison » de Marshall Rosenberg, père de la communication non violente, simplifie grandement notre quotidien. Essayez d'être heureux dans 80 % des situations qui vous agacent et battez-vous pour avoir raison dans 20 % des cas. Vous ne pouvez pas mener tous les combats de front. Être au clair sur votre philosophie personnelle et vos cinq priorités (voir chapitres 4 et 5) aide à identifier les 20 % des situations qui comptent vraiment pour vous.
- *Prenez date et choisissez vos moments.* Le choix du moment pour construire votre optimisme compte. Des moments sont plus propices que d'autres. Rappelez-vous le changement d'attitude de Christophe Urios pour combattre la fatalité des mois d'avril pour l'UBB. Parce que cette période est fatidique et symbolique, elle est idéale pour changer d'état d'esprit. Nous sommes susceptibles de nous fixer des objectifs de changement les lundis, les débuts de mois ou d'une nouvelle année, les jours fériés, le lendemain d'une date anniversaire ou au retour de vacances. C'est le cas également quand nous changeons de ville, d'appartement ou de job. Tous ces moments constituent des coups de pouce pour construire nous-même notre optimisme. L'optimisme s'intensifie lors de nouveaux départs. En se focalisant sur la promesse d'un futur plus souriant, nous évitons de ressasser un passé sanctuarisé et nous nous projetons vers l'avenir.

À la fin de ce chapitre, vous pourriez considérer que le pessimisme y a été peu évoqué. Vous avez raison. Le pessimisme n'existerait pas sans l'optimisme. Le meilleur moment pour l'aborder renvoie à une situation où nous le rencontrons systématiquement : en situation d'échec. C'est l'objet de notre prochaine partie : comment réussir ses échecs.

En résumé

Comment construire soi-même son optimisme en 60 secondes

L'optimisme, c'est une façon de voir positivement le monde ; cette lecture influence nos choix au quotidien. Quant au pessimiste, selon le psychiatre Christophe André, c'est « celui qui, face à une incertitude, a tendance à préférer une certitude négative. En toutes circonstances, le pessimiste préfère voir le pire ».

Optimisme et pessimisme fonctionnent tous deux en polarité, en tension, et ce tout au long de notre vie. Cette polarité est utile car elle nous tempère.

Depuis plus de vingt ans, les expériences de Martin Seligman, pape de la psychologie positive, révèlent que la part d'acquis pour l'optimisme varie entre 50 et 70 %. L'optimisme est donc une compétence qui se développe, elle n'est pas innée. L'optimisme s'acquiert !

Il est utile d'être optimiste pour deux raisons :

- être optimiste, c'est bon pour la santé et cela vous protège contre la Covid ! Un malade a plus de chances de survie s'il est optimiste sur ses chances de s'en sortir. « Être optimiste renvoie à la volonté, au goût de l'effort et à la persévérance », constate Pierre-Marie Lledo, patron du département de neurosciences à l'Institut Pasteur ;
- être optimiste inspire votre entourage. À la différence du naïf, l'optimiste agit et fait ce qu'il dit. L'optimisme est un sport collectif. De commerce agréable, les optimistes sont populaires. Nous avons plaisir à les fréquenter.

Pour développer votre optimisme :

- souriez, d'abord à vous-même. Dites-vous que vous faites des choses formidables et qu'il n'y a pas de raison que cela s'arrête du jour au lendemain. Partagez chaque bonne nouvelle avec trois personnes ;
- choisissez vos combats. Atteindre la perfection nous arrive rarement. Soyez aussi tolérant avec vous-même qu'avec votre entourage. Développer son optimisme, c'est se poser plusieurs fois par jour la question : « Est-ce que je veux être heureux ou avoir raison ? » Approchez-vous de la loi de Pareto : soyez heureux à 80 % et cherchez à avoir raison dans 20 % des cas. À vouloir imposer vos vues, vous vous perdez dans des combats longs, pénibles et inefficaces. De plus, vous vous construisez une image d'autocrate. Au fil du temps, vous vous isolez dans votre tour d'ivoire. Les gens ne partagent plus leurs points de vue avec vous et jouent l'évitement ;
- prenez date et choisissez vos moments. Le choix du moment pour construire votre optimisme compte. Certains moments sont plus propices que d'autres. Fixez-vous des objectifs de changement, les lundis, les débuts de mois ou d'une nouvelle année, les jours fériés, le lendemain de dates anniversaires, au retour de vacances, au démarrage d'un nouveau job ou à la suite d'un déménagement. Tous ces moments constituent des coups de pouce pour construire vous-même votre optimisme.

Après l'action

COMMENT RÉUSSIR SES ÉCHECS ?

« *Une très grande série de succès ne prouve aucune vérité, quand l'échec d'une seule vérification expérimentale prouve que c'est faux.* »

ALBERT EINSTEIN

La meilleure équipe n'a pas gagné

Quarante-huit jours après la défaite en demi-finale contre le Stade Toulousain, l'UBB rencontre à Lille cette même équipe en demi-finale du Top 14. La dernière pour les Bordelais remonte à trente ans. Sur la même période, les Toulousains ont remporté dix titres de champion de France et perdu trois finales. Sur le palmarès, les Toulousains l'emportent. Forts du titre de champion d'Europe glané trois semaines plus tôt, la presse spécialisée les désigne comme favoris.
Je rejoins le groupe bordelais la veille du match dans un hôtel sans charme particulier, fonctionnel, près de l'aéroport. Les joueurs sont sereins et concentrés. J'assiste à un conseil des sages (équivalent du comité de direction en entreprise). Il réunit une dizaine de joueurs. Animé par Christophe, l'idée est de faire le point sur la préparation du match, les éventuelles interrogations en suspens, ce qu'il faut faire et ne pas faire dans ce match face aux Toulousains.
Christophe commence: « On a perdu trois matchs contre eux cette saison. Qu'est-ce qu'on n'a pas su faire contre eux? Est-ce qu'on commet toujours les mêmes erreurs? »
Plusieurs joueurs s'expriment. Les points clés ressortent rapidement: « Sur les trois premiers matchs, on ne réussit pas de bonnes entames de match » ou « L'efficacité en zone marque est à améliorer » (les 22 mètres toulousains) ou encore « Il faut garder le tempo en fin de match » (l'heure de jeu face aux Toulousains est souvent décisive).
Christophe questionne, prend des notes et requestionne: « Qu'est-ce qu'on a bien fait contre eux? » Réponse: « On joue souvent dans leur partie de terrain. On se crée beaucoup d'opportunités. »
Nouvelle question de Christophe: « Que faut-il faire face à eux demain? » Réponse: « On n'est pas là pour montrer qu'on sait jouer au rugby. On est là pour être efficaces. »

La dernière question concerne les aléas positifs d'un match – « Si on mène 14 à 0, comment réagir ? » – mais aussi les négatifs – « Si on prend un carton jaune ou un carton rouge, comment devez-vous réagir ? ». L'adjectif « calme » revient systématiquement. Les leaders s'expriment et rassurent le reste de l'équipe. Ils ne se doutent pas que cette question prémonitoire sera d'actualité…

Des quatre confrontations, ce match sera le plus serré. Le niveau de jeu est très élevé. Les Bordelais font douter les Toulousains. À la mi-temps, le Stade Toulousain mène 14 à 7. Les Bordelais prennent l'ascendant dès la reprise. Je sens que le match est en train de basculer en faveur de l'UBB. Assis derrière les bancs de touche, à quelques mètres de l'aire de jeu, l'inquiétude des joueurs toulousains est palpable. Même le plus prestigieux d'entre eux, Cheslin Kolbe (champion du monde avec l'Afrique du Sud) me semble hésitant, un peu hagard. À l'heure de jeu, le match bascule. Un carton rouge est adressé à un joueur bordelais. L'UBB termine le match à 14, encaisse un essai dans la foulée et s'incline sur le score de 24-21. La déception est immense. De nombreux joueurs pleurent sur le terrain.

Au terme du match, en conférence de presse, Christophe déclare : « Je pense que la meilleure équipe n'a pas gagné ce soir même si on a beaucoup de respect pour cette équipe de Toulouse. On mérite de gagner. On n'a pas tout contrôlé. On fait des erreurs en première mi-temps. Après, il y a des coups du sort en faveur des Toulousains. Ça fait quatre fois qu'on les joue et c'est quatre fois pareil. C'est un apprentissage, cela fait partie de notre voyage mais aujourd'hui on avait les moyens d'aller à Paris. On les a mis à genoux. On reviendra. »

Un avion affrété pour l'occasion ramène le groupe à Bordeaux à 2 heures du matin. Tous partent en vacances. La situation est différente pour Christophe. Sa seconde passion l'appelle. À 4 h 40, le réveil sonne. Il a organisé une journée Portes ouvertes/Dégustation au château Pépusque. Quatre heures de route l'attendent. La meilleure façon de surmonter une déception, de tourner la page, est de se réaliser dans l'action. Il ne regardera pas la finale gagnée par le Stade Toulousain. Après deux semaines de vacances en famille dans le sud de l'Europe, je le retrouve en tête-à-tête.

Frédéric Rey-Millet : Après le match, tu as déclaré « la meilleure équipe n'a pas gagné ». Avec le recul, maintiens-tu tes propos ?

Christophe Urios : Oui, absolument. J'ai regardé le match à froid et je n'ai pas changé d'avis. Le haut niveau se joue sur des détails. Sur des aléas de match aussi. L'arrière toulousain fait un en-avant non sanctionné. Notre carton rouge est discutable. À la soixante-quatorzième minute, Cheslin Kolbe nous empêche de marquer un essai en pratiquant un jeu déloyal. Il doit être sanctionné.

Si c'était à refaire, que changerais-tu ?

Rien. Mais je pense que je me suis trompé sur un choix en fin de match. À quatre minutes de la fin, l'arbitre siffle une faute des Toulousains en notre faveur. Nous avons le choix entre tenter la pénalité (3 points) ou la pénaltouche qui peut déboucher sur un essai, donc 5 points. Si nous le transformons, nous marquons 2 points de plus. La pénalité était facile. L'essai est plus aléatoire que la pénalité. La transformation n'aurait pas été facile car nous aurions marqué un essai en coin. J'ai demandé à Matthieu Jalibert de tenter la pénalité. Il l'a réussie. Dans le temps qui restait, j'étais persuadé que nous récupérerions le ballon et aurions encore une occasion. Cela n'a pas été le cas.

Ce match est-il la plus grande déception de la saison ? De ta carrière ?

Ni l'un ni l'autre. Il faut replacer cette défaite dans le contexte général de cette saison incroyable. Notre saison est réussie. Si nous étions allés au bout, elle aurait été historique.

La saison 2020/2021 est donc une réussite ?

Plus qu'une réussite car nous sommes en ligne avec les objectifs fixés treize mois plus tôt. En début de saison, nous voulions nous qualifier pour les phases finales. Nous avons joué trois demi-finales, ce qui n'est jamais arrivé au club depuis sa création. Elle est réussie pour d'autres raisons bien plus importantes. Des raisons qui nous ont permis d'atteindre et de dépasser nos objectifs.

Lesquelles ?

Les leaders de l'équipe ont beaucoup progressé. Je pense à notre capitaine Jefferson Poirot. Aux membres du conseil des sages. Il y a eu un vrai changement d'attitude après la défaite contre La Rochelle en mars 2021. Une partie de l'équipe a une haine de la défaite. Nous progressons sur la culture de la gagne.

Qu'est-ce qu'il vous manque pour franchir le prochain palier ?

Un supplément d'exigence.
Je vais te donner plusieurs exemples. Nous perdons la demi-finale du Top 14 contre le Stade Toulousain. À la fin du match, les joueurs sont abattus. Silencieux. Certains pleurent. Deux heures plus tard dans le bus, plusieurs chantent. Ce n'est pas possible de réagir comme cela. Certains ne haïssent pas assez la défaite. Ce n'est pas le cas de Matthieu Jalibert. Il a fait la gueule toute la soirée.

Pour autant, il faut bien solder les défaites, sinon cela peut entamer la confiance en soi, non ?

Oui mais pas deux heures après la fin du match.
Je te donne un autre exemple sur l'exigence : la formation. L'exigence doit être la même à tous les étages. Alignée sur celle du groupe professionnel. Pour bien faire mon travail, j'ai besoin d'avoir cette cohérence dans le club. Elle sert mon projet

et s'inscrit dans le temps long. On prépare les champions de demain… Pour construire le club de référence du XXIe siècle le projet doit concerner toutes les parties prenantes du club. On a besoin du même niveau d'exigence à tous les étages du club. C'est la seule façon de diffuser durablement une culture de la gagne.

Quels sont les clubs du Top 14 qui ont cette ligne directrice ?

Je n'en sais rien mais ce que je sais, c'est qu'elle existait à Oyonnax et à Castres, mes deux précédents clubs. Je faisais ce que je voulais dans le domaine sportif. Par exemple, à Oyonnax, les Bacchus *(séminaires de cohésion d'équipe)*, on les faisait pour tous les joueurs du club, des moins de 6 ans jusqu'aux joueurs professionnels. À Castres, c'était pareil.

À titre personnel, comment fais-tu pour surmonter la déception d'une défaite en demi-finale face à Toulouse ? Défaite qui s'ajoute à trois matchs perdus cette saison contre les Toulousains…

Dans les jours qui suivent, j'y pense à 100 %. Tout le temps. C'est une obsession. J'ai besoin de le faire pour le digérer et passer à autre chose. J'accepte de vivre avec ces émotions négatives puis vient le temps de l'analyse. Avec l'aide de mon staff, on revisite la saison sur ce qu'il faut garder dans notre fonctionnement. Ce qu'on doit changer ou faire différemment. Ce qu'on doit arrêter de faire. Dans un second temps, à la reprise en juillet 2021, nous associons à la réflexion, l'ensemble des joueurs.

Si être meilleur ne s'arrête jamais, sur quoi dois-tu progresser ?

Nous avons demandé aux joueurs ce qu'ils attendaient du staff. Trois points sont ressortis des échanges : davantage d'écoute, de disponibilité, et casser les routines. Avec le recul, je n'ai pas suffisamment expliqué à quelques joueurs importants pourquoi ils ne jouaient pas. Sur les routines, je vais changer

> l'organisation des bureaux au centre d'entraînement, remplacer des citations au mur par de nouvelles qui illustreront davantage notre degré d'exigence et notre culture de la gagne. Dans le même ordre d'idées, les joueurs tireront au sort leur kiné. Je veux casser les habitudes. On s'encroûte avec trop d'habitudes. Élever son niveau d'exigence renvoie à davantage de clarté. Tout le monde est concerné. Moi le premier. Plusieurs joueurs m'ont interrogé sur mon coaching en match. Des points n'étaient pas clairs. Par exemple, je coache pour faire gagner l'équipe. Ça a l'air un peu étonnant comme propos mais l'implicite à lever, c'est : je ne coache pas pour faire plaisir à tel ou tel joueur. Ils peuvent parfois être pollués par leur environnement (agents et famille). Un remplaçant rentre sur le terrain parce que j'ai l'intime conviction qu'il fera mieux que le joueur en place. Je ne coache pas les cinq dernières minutes. Sauf cas de force majeure, je ne ferai jamais de remplacement dans les cinq dernières minutes de match.

Les propos de Christophe portent en eux tous les ingrédients pour apprendre à réussir ses échecs.

Tout commence par un « pourquoi » : pourquoi, en France, l'échec est-il tabou ? Ensuite : comment peut-on apprendre de ses échecs ? Enfin : un échec est-il vraiment bénéfique ?

9

POURQUOI L'ÉCHEC EST-IL TABOU ?

À l'heure où j'écris ces lignes, un des (le ?) meilleurs joueurs du monde a rejoint le PSG. Lionel Messi, sextuple Ballon d'or, a pour mission de marquer des buts et d'aider le club parisien à devenir champion d'Europe. En Liga espagnole, durant la saison 2020/2021, il a tiré 120 fois au but et cadré 80 % de ses frappes. « Seulement » 32 % de ses tirs cadrés se transforment en but. Le meilleur joueur du monde échoue deux fois plus qu'il ne réussit. Et pourtant, cela ne l'empêche pas de tenter de marquer, encore et encore. Face à ces statistiques *a priori* décevantes, ce joueur d'exception ne doute pas de lui. Aucun signe de dépression chronique ne semble le guetter. Il vit très bien ses échecs répétés. Tout au long de sa carrière, il a accepté le caractère irrémédiable de l'échec et son ambiguïté.

L'anecdote Messi illustre la complexité du mot « échec » et le sens que nous lui attribuons. Le joueur argentin échoue régulièrement, ce qui ne l'empêche pas de rester un champion depuis le début de sa carrière. L'échec est une composante indispensable du succès, un « diplôme pour réussir ». Si tout un chacun admettait ce présupposé, nous louerions tous les vertus de l'échec. Nous naviguerions d'échec en échec avec le sourire. Ce n'est pas le cas. Pourquoi ? Pour trois raisons :

- parce que la définition du mot « échec » est ambiguë ;
- parce que notre éducation nous l'interdit ;
- parce que se tromper, c'est échouer.

Parce que sa définition est ambiguë

La définition que donne le *Larousse* du terme échec est la suivante : « Résultat négatif d'une tentative, d'un manque de réussite. »

Selon l'Académie française, les synonymes les plus usités sont « faillite, revers, fiasco, insuccès, bide, four ou veste ». Le mot viendrait de l'arabe *al cheikh mat*, signifiant « échec et mat, le roi est mort ». Aucune ambiguïté donc, l'échec c'est la *lose*.

Cette première définition est contredite par une seconde. Échec pourrait venir du persan et indiquer que le roi est « étonné ». Étonné par notre capacité à rebondir après un raté et à transformer nos erreurs en pépites pour le futur.

Une troisième définition contredit les précédentes. Le mot proviendrait du vieux français *eschec*, terme apparu au XIe siècle, signifiant « le butin ». À l'époque, le butin était ce qu'une armée prenait à l'ennemi.

La multiplicité des définitions illustre l'ambiguïté du terme et contribue à son flou. S'agit-il d'une mort, d'une renaissance, d'une richesse ?

L'échec est une notion interprétable. Le sens que nous voulons lui donner dépend de nos origines et de notre culture. Selon l'endroit où vous vous trouvez sur la planète, le mot a un sens différent.

Les mots ont un sens. L'étymologie, la culture nous aident à les comprendre. Comprendre c'est raisonner et cela ne fait pas tout. L'échec, ce n'est pas qu'un raisonnement. C'est d'abord et surtout un sentiment personnel. Dans chaque situation d'échec, nous appliquons une grille de lecture, un filtre personnel, issus de notre culture, de notre éducation et de nos expériences passées.

Il n'existe pas de valeur absolue de l'échec. Comme tout sentiment ou toute émotion, l'échec est une valeur relative, c'est-à-dire subjective. Tout dépend d'où l'on vient.

Parce que notre éducation nous l'interdit

Depuis 2013, ma fille Laurene vit au Royaume-Uni, et elle est parfaitement intégrée à la culture de ce pays. Quand on a passé les dix-huit premières années de sa vie au sein du cocon familial, les spécificités locales telles que le pudding, la conduite à gauche, le brouillard et l'humour anglais contribuent à des débuts difficiles… très vite compensés par quelques bonnes surprises.

Lors de sa première année universitaire, ses résultats scolaires sont décevants. Ma fille n'atteint pas toujours la moyenne. À la suite d'un examen important, le professeur remet leurs copies aux élèves. À chaque fois, il s'arrête entre quelques secondes et une minute pour expliquer individuellement les raisons de sa notation. Le tour de Laurene arrive. Elle n'a pas la moyenne et est dépitée. Elle avait énormément travaillé. L'enseignant lui dit : « Vous avez énormément travaillé. Vous êtes en net progrès. Vous êtes sur le chemin du succès. Persévérez. Vous devez structurer davantage votre pensée. Les idées, souvent décalées et originales, sont là. Venez me voir à la fin du cours pour que nous en discutions. »

À la fin du cours, la discussion s'engage : « Ma note est médiocre et vous n'avez pas arrêté de m'encourager et de me complimenter. Je ne comprends pas pourquoi. Était-ce sincère ? » L'enseignant, surpris : « Pourquoi en doutez-vous, Laurene ? Bien sûr que mes propos étaient sincères ! Il n'y avait aucun implicite. Qu'est-ce qui vous fait penser cela ? » Ma fille : « En France, quand j'obtenais une bonne note, le professeur disait que c'était bien mais que je pouvais faire mieux, que mon plan manquait de structure. Que je gâchais mon potentiel en ne travaillant pas assez. Je vous laisse imaginer le type de commentaire que je recevais avec une note en dessous de la moyenne… »

Que retenir de cette histoire ?

- **Notre système éducatif ne nous prépare pas à l'échec.** Il privilégie la performance plutôt que le progrès. Il s'agit de viser l'excellence. Même si je m'entraîne comme un dingue, avec une motivation hors du commun, je n'atteindrai jamais le niveau de jeu d'un joueur de l'UBB, surtout à mon âge… Mettre une pression d'enjeu pour devenir le meilleur est irréaliste (les Matthieu Jalibert ne courent pas les rues). Ne se focaliser que sur le résultat génère une pression incroyable. L'échec a mauvaise réputation car nous avons été éduqués pour réussir, plutôt que pour apprendre et progresser.
- **Notre système éducatif ne nous prépare pas à l'incertitude.** L'échec a mauvaise réputation car nous ne sommes pas assez préparés à l'incertitude. L'école nous forge à gommer l'incertitude pour se satisfaire de la certitude. Pourtant, il n'existe que quelques îlots de certitude et l'essentiel de notre vie est un océan d'incertitude. L'amour, la mort, notre futur professionnel sont des exemples de notre vie où nous n'exerçons aucun contrôle.
- **La mauvaise réputation de l'échec se construit à l'école.** Rien d'étonnant à ce qu'il en soit de même dans nos vies professionnelles où échouer, c'est être un raté. Lors d'une enquête réalisée par OpinionWay en septembre 2011, il apparaît que :
  - 80 % des managers considèrent que l'échec est mal perçu dans la culture française ;
  - 70 % des managers considèrent qu'il est particulièrement difficile en France de rebondir après un échec professionnel.

- **Trop souvent, nous nous identifions à notre échec.** Ce n'est pas parce que vous vous ratez sur un sujet que vous êtes « un raté ». L'échec n'est donc pas « le vôtre » : ce n'est pas l'échec de votre « moi » mais simplement celui de la rencontre d'un de vos projets avec un environnement. Cessons de prendre nos échecs comme des révélateurs de notre « essence » ou de notre « être » ! Regardons-les plutôt comme des invitations à « devenir ». Un détour par la philosophie des sciences de Gaston Bachelard donne de l'élan : le savant n'est pas celui qui trouve tout de suite mais celui qui est capable de rectifier son erreur initiale. La vérité n'est alors « qu'une erreur rectifiée » et votre talent celui de savoir « faire une psychanalyse de ses erreurs initiales ». L'erreur n'est pas exactement l'échec mais l'idée est la même : sans l'errance et le talent de la rectifier, on ne va jamais très loin.

Parce que faire des erreurs, c'est échouer

Sur un terrain de rugby, un joueur qui manque un plaquage commet une erreur. Il retravaille ce geste technique à l'entraînement pour mieux le maîtriser. Son coach l'accompagne et lui prodigue des conseils. L'erreur est donc technique et entraîne un acte pédagogique. Elle est tolérée car elle permet de progresser. Les erreurs sont OK car elles ne sont pas intentionnelles.

Si ce même joueur plaque au niveau du cou ou marche sur un de ses adversaires en mêlée, il commet une faute. Il connaît les règles du jeu, et pourtant les transgresse. Il est donc sanctionné par l'arbitre ou par son club en fonction de la gravité de la faute : remontrance verbale, carton jaune ou rouge, exclusion, suspension partielle de salaire, etc. La faute est comportementale, volontaire, et doit être sanctionnée.

Les règles sont claires. Elles sont connues et intégrées dans les séances d'entraînement. Au rugby, chaque saison, elles évoluent. L'UBB fait régulièrement appel en début de saison aux arbitres pour comprendre leurs évolutions. En match, rien n'est plus simple. Avec l'aide de la vidéo, un arbitre est responsable de leur respect. Pour autant, il juge en fonction de sa propre subjectivité et se trompe comme tout un chacun. Le droit à l'erreur et donc l'erreur font partie du jeu.

Les joueurs anglophones de l'UBB prennent des cours de français, à raison d'une heure par semaine. Certains sont plus assidus que d'autres. Certains progressent plus vite que d'autres. Durant certains matchs, Christophe avait remarqué que les lancements en touche étaient récupérés par l'adversaire. En creusant, il s'avère que les annonces de combinaisons ne sont pas toujours comprises par les joueurs anglophones par défaut de maîtrise du français. Christophe a donc rappelé fermement la règle : les cours de français ne sont pas optionnels. Ne pas la respecter renvoie à une faute, à un mauvais comportement dont les conséquences peuvent être fâcheuses pour le joueur : se retrouver remplaçant ou non convoqué au prochain match.

Que retenir de ces exemples ?

Le sport en général, et le haut niveau en particulier, fonctionnent dans des environnements très cadrés. On s'entraîne 80 % de son temps pour progresser. Un joueur professionnel ne passe que 20 % du temps à jouer des matchs. Si le joueur n'écoute pas les conseils de ses coachs pour progresser, il risque de se retrouver, soit sur le banc, soit à regarder le match à la télé. Le sentiment d'échec est beaucoup plus accepté dans le sport de haut niveau. Comment faire autrement que de le dépasser quand on joue un match par semaine ? Bien entendu, quand les défaites s'accumulent, les joueurs et les coachs ne sont pas des robots. Ils doutent comme tout le monde. En clair, la différence entre faute/erreur et échec est bien plus claire dans le sport de haut niveau que dans nos quotidiens personnels et professionnels.

Dans notre quotidien, c'est beaucoup plus compliqué ! Il n'existe aucun manuel de développement personnel formalisant tout ce qui relève d'une part de l'erreur ou d'autre part de la faute. Bien entendu, des évidences s'imposent. Voler, frapper sa conjointe sont des fautes sanctionnées pénalement. Mais ne pas parler couramment anglais peut être considéré comme une erreur puis une faute si elle n'est pas corrigée par l'apprentissage.

Trop souvent dans nos quotidiens, nous ne sommes pas assez explicites sur la différence entre erreur et faute. Si erreur = faute, plus personne ne prend d'initiatives puisqu'il court le risque d'être sanctionné. C'est la culture de la trouille. Les conséquences négatives sont nombreuses : *statu quo*, confort, perte de l'envie d'apprendre et de progresser, ennui et démotivation. C'est le fameux « on a toujours fait comme cela, pourquoi changer ? ».

Si erreur = faute, la culture du mensonge se diffuse. Je fais des erreurs et les planque de peur d'être jugé négativement. Je cache la réalité et raconte une belle histoire à mon entourage pour m'éviter d'être jugé sévèrement. Je mens pour acheter ma tranquillité… Quand la distinction entre erreur et faute n'est pas claire, nous évitons de prendre des risques, de faire des erreurs, d'échouer et donc de progresser.

Accepter l'erreur, c'est se donner une chance de faire mieux la fois suivante. Cela vous conduira peut-être au succès ou à l'échec. Ce n'est pas parce que vous faites des erreurs que vous allez systématiquement échouer. Ce n'est pas parce que vous progressez grâce à vos erreurs que vous allez immanquablement réussir. Il n'y a pas de relation de cause à effet automatique entre erreur et échec. Ne rien tenter est le meilleur moyen de ne pas échouer, mais également de ne pas progresser.

Soit vous considérez les erreurs comme des étapes vers le succès, soit vous mettez dans le même sac erreur et faute et vous vous empêchez de progresser.

10

COMMENT APPRENDRE DE SES ÉCHECS ?

On analyse un échec en regard du niveau d'exigence que l'on s'est fixé. Plus l'exigence est élevée, plus le risque d'échouer l'est également. Comment réduire ce risque ? Par la lucidité. L'échec nous apprend que tout ne dépend pas de nous. Raison de plus pour se préoccuper de ce qui dépend de nous.

Quatre bonnes pratiques peuvent vous aider à apprendre de vos échecs.

Avez-vous un état d'esprit fixe ou de développement ?

Face à un échec important, nous n'avons pas tous la même « plasticité ». Comment réagissez-vous ? Quel est votre état d'esprit ?

Pour y voir plus clair, notez si vous êtes en accord ou en désaccord avec chacune des quatre propositions suivantes :

1. Vous êtes comme vous êtes, et il n'y a pas grand-chose que vous puissiez faire pour y changer vraiment quelque chose. Oui/Non.
2. Quel que soit le type de personne que vous êtes, vous avez toujours la possibilité de changer substantiellement. Oui/Non.
3. Vous pouvez changer votre manière d'agir, mais les principales composantes de votre personnalité ne peuvent pas être changées. Oui/Non.

4. Vous pouvez toujours changer les composantes fondamentales de votre personnalité. Oui/Non.

Si vous avez répondu « oui » aux affirmations 1 et 3, vous avez un « état d'esprit fixe ». Si vous avez répondu « oui » aux propositions 2 et 4, vous avez un « état d'esprit de développement ». Si vous êtes d'accord avec les propositions 1 et 2, vous avez lu trop vite, recommencez !

La façon d'affronter les échecs et le fait de persévérer dans le changement dépendent de votre état d'esprit. Ces quatre affirmations sont issues du livre de Carol Dweck, *Osez réussir !*[1]. Cette professeure de psychologie de l'université de Stanford a consacré sa carrière à l'étude de ces deux états d'esprit. Elle a étudié la manière dont ils influencent la performance des athlètes olympiques, le succès des musiciens virtuoses et la réussite des dirigeants et de leurs équipes. Dans cet ouvrage incontournable, relayé par son Ted Talk[2], elle montre clairement qu'un état d'esprit de développement facilite la réussite dans pratiquement tous les domaines.

En effet, les gens qui ont un état d'esprit de développement – ceux qui se lancent des défis, qui prennent des risques, qui acceptent les critiques et adoptent une vision à long terme – ne peuvent que progresser, dans leur vie privée comme dans leur vie professionnelle. Les résultats de ses recherches ne laissent pas de place à l'ambiguïté : si vous voulez réaliser pleinement votre potentiel, vous devez adopter un état d'esprit de développement.

Les gens qui ont un état d'esprit fixe croient que leurs capacités sont fondamentalement invariables. Peut-être pensez-vous être un assez bon orateur, un manager dans la moyenne ou un merveilleux organisateur. Si vous avez un état d'esprit fixe,

1. Éditions Mardaga, 2017.
2. Consultable grâce au lien suivant : https://www.ted.com/talks/carol_dweck_the_power_of_believing_that_you_can_improve?language=fr

vous pensez sans doute pouvoir progresser ou régresser un peu dans ces domaines, mais vous considérez que vos capacités sont surtout le reflet de qui vous êtes. Votre comportement est donc le reflet de vos capacités naturelles, de la même manière que le goût du vin correspond à la bouteille que vous avez achetée.

Si vous avez un état d'esprit fixe, vous avez tendance à éviter les difficultés car vous vous dites que si l'on vous voit échouer, vous risquez de donner l'image d'un perdant. Vous ressentez le feedback négatif ou d'amélioration comme une menace, car vous craignez que les autres se considèrent meilleurs que vous. Vous ne voulez pas qu'on remarque vos difficultés ou vos points faibles. Les gens talentueux n'ont pas besoin de faire beaucoup d'efforts pour réussir. John McEnroe était un tennisman exceptionnel : très doué, mais pas très enclin à s'améliorer et à s'entraîner.

Au contraire, les gens qui ont un état d'esprit de développement pensent que leurs capacités sont comme des muscles, qu'on peut les développer en les exerçant. Selon cette conception, vous devez pouvoir vous entraîner à écrire mieux, à être meilleur manager ou à mieux écouter votre conjoint. Si vous avez cet état d'esprit, vous êtes disposé à relever les défis, malgré les risques d'échec. Vous êtes aussi plus enclin à accepter les critiques, car elles vous permettent de progresser. Même si vous n'êtes pas aussi bon que d'autres, vous pensez sur le long terme, comme la tortue de la fable face au lièvre. Tiger Woods avait gagné huit grands championnats de golf et réalisé une performance inégalée dans l'Histoire avant de décider de revoir son swing.

Nous avons tous en nous une part d'état d'esprit fixe et une part d'état d'esprit de développement. Rappelez-vous le chapitre précédent sur l'optimisme et le pessimisme. Nous sommes les deux à la fois mais avec une préférence.

L'état d'esprit fixe est essentiel pour développer la confiance en soi. À un certain moment de notre vie, il nous aide à atteindre un objectif important pour nous. Il nous aide à dire qui nous sommes, qui nous voulons devenir. Ce n'est pas facile d'abandonner ce qui est une partie de soi. Le chemin de la réussite s'appuie sur des routines. Puisqu'elles marchent, pourquoi en changer ? L'état d'esprit fixe c'est « si je gagne, je serai quelqu'un ; si je perds, je ne serai plus personne ». L'état d'esprit fixe aide à se construire et avoir confiance en soi, mais peut nous empêcher de progresser.

L'état d'esprit de développement, c'est prendre un chemin qui peut nous sembler menaçant : défi, lutte, critiques, revers, etc. Comment accepter de se mettre volontairement en inconfort ? Parce qu'on s'ennuie. Le métro/boulot/dodo nous pèse. Notre cerveau se sécurise avec les routines mais s'éclate avec la nouveauté car elle donne du plaisir. Chaque fois que nous apprenons quelque chose de nouveau, nous sécrétons davantage de dopamine (hormone du bonheur).

Une fois familiarisé avec ces notions, on commence à détecter partout l'état d'esprit fixe. Songez à la façon dont nous complimentons nos enfants : « Tu es intelligent ! », « Tu es si bon au basket ! ». Tout cela dénote un état d'esprit fixe. Dans un état d'esprit de développement, on complimente l'effort plutôt que le talent ou les dons : « Tu as travaillé dur sur ce projet, je suis fier de toi ! », « Je constate que tu as bien écouté les conseils de ton entraîneur : tu as vraiment bien corrigé la position de ton coude aujourd'hui ». Le changement d'état d'esprit ne consiste pas à recueillir de-ci de-là quelques conseils. Il s'agit de voir les choses différemment. Chaque matin, en vous regardant dans la glace, en pensant à votre agenda de la journée, essayez de vous poser deux questions :

- Quels sont les moments où je pourrais apprendre et progresser ?
- Quels sont les moments où je pourrais aider ceux que je rencontre à apprendre et progresser ?

Accordez-vous le droit à l'erreur

Dans cette période compliquée, les chercheurs n'ont pas été à la fête. Rappelez-vous. En janvier 2021, l'Institut Pasteur abandonne son projet de vaccin contre la Covid-19. L'ensemble des médias le fustige. Pourquoi avons-nous tant de mal à accorder le droit à l'erreur ? Pierre-Marie Lledo dirige le laboratoire de recherche Perception et Mémoire, et le département de neurosciences de l'Institut Pasteur ainsi que le laboratoire de recherche Gènes et Conscience du CNRS. Sa réponse nous aide à en comprendre les raisons : « Je ne connais pas une réussite qui ne soit pas bâtie sur une montagne d'échecs. C'est en rassemblant ce monticule d'échecs que l'on voit la lumière au bout du tunnel. Je rêverais d'un magazine dans lequel on ferait l'inventaire de nos échecs. En faire le bilan serait une vraie réussite. Cela n'existe pas. Ni en France. Ni ailleurs. Nous l'avons vécu à l'Institut Pasteur avec l'échec du vaccin contre la Covid-19. Nous en avons parlé mais cela ne sera jamais écrit. En tant que scientifique, l'échec est un sentiment qui ne m'est pas étranger, bien au contraire. Mon activité scientifique est jalonnée de découvertes scientifiques que j'ai soumises pour publication dans des magazines scientifiques internationaux pour une évaluation par mes pairs. Pour rappel, l'évaluation par les pairs est menée par des comités de lecture qui décident si le compte rendu d'un travail de recherche soumis pour publication dans une revue scientifique est acceptable ou non. Le plus souvent, cette soumission est d'abord rejetée, pour nous forcer à obtenir plus d'évidences expérimentales, ou théoriques, et étayer ainsi nos premières données. J'ai donc acquis l'intime conviction que toute recherche innovante est un savant mélange entre de nombreux échecs et un peu de réussite. Cela n'est pas forcément évident pour ceux d'entre nous en dehors du milieu scientifique. La presse et la littérature scientifique rapportent régulièrement des résultats époustouflants. Ces articles donnent l'impression que les succès sont bien plus nombreux que les échecs. Cette fausse idée est renforcée par certains séminaires, où l'orateur donne l'impression que sa recherche s'est faite sans effort, en suivant simplement une succession d'étapes logiques. Mais, chaque scientifique le sait bien, cette impression n'est qu'une illusion. Dans le monde de la recherche scientifique, rien ne va jamais comme on le veut. Pour paraphraser Winston Churchill, je dirais que la recherche consiste à aller d'échec en échec avec toujours le même enthousiasme. »

Avant de reconnaître l'éventuelle vertu de l'échec, il faut déjà reconnaître ce qui amène à l'échec : l'erreur. Dans les faits, l'accumulation de plusieurs d'entre elles aboutit à l'échec… S'accorder le droit à l'erreur, c'est préparer une rencontre un peu plus sereine avec l'échec.

Ne soyons pas dans le déni. La plus grande vertu de l'échec, c'est peut-être de nous faire rencontrer le réel, d'atteindre nos limites à un instant donné. Mais il y a plus, bien sûr : l'échec, en nous disant quelque chose du réel, peut nourrir notre réussite future qui se jouera précisément dans ce réel. Il peut donc y avoir une sagesse de l'échec là où, le plus souvent, il n'y a qu'une ivresse du succès.

En théorie, s'accorder le droit à l'erreur a l'air simple, mais deux failles personnelles, plus ou moins importantes, nous en empêchent.

Première faille : le manque d'empathie

Une faible attention à ce et ceux qui nous entourent, nous empêche de capter les signaux avant-coureurs de l'erreur. Nous n'écoutons pas assez. Par exemple, lorsqu'un de vos amis vous demande si vous avez un plan B en cas d'échec, ne le prenez pas mal. Lui rétorquer : « pas besoin de plan B, le plan A suffit » est une mauvaise réponse. Plutôt que de vous dire « ça va le faire », dites-vous plutôt « comment faire pour ? Et si j'échoue, comment je rebondis ? ». Ce déni de la réalité révèle une posture de sur-confiance. Vous avez déjà rencontré la réussite à de nombreuses reprises. Il n'y a pas de raison que cela s'arrête. Oui, mais sous réserve que vous ajustiez votre niveau d'effort à votre niveau d'exigence.

Le manque d'empathie renvoie également au peu d'intérêt porté à ceux qui nous entourent. S'intéresser aux erreurs des autres et donc à leurs échecs, c'est tenter de les comprendre et de mieux accepter les siens.

Seconde faille : la recherche de la perfection

Cette seconde faille est un excellent chemin vers l'erreur répétée. Sur le papier, l'idée est séduisante. Être parfait éloigne de l'erreur, donc de l'échec, mais la perfection existe rarement et dépend d'éléments que vous ne maîtrisez pas. Douze cas de Covid avant une demi-finale européenne n'est pas la meilleure nouvelle pour jouer à la perfection. Il existe des instants de perfection, quelques matchs parfaits dans une saison, mais aucune équipe de rugby n'a gagné le Top 14 sans perdre un seul match. La perfection ne résiste pas à l'épreuve du temps long. Cette seconde faille peut induire un comportement déviant : la lâcheté. La meilleure façon d'éviter de faire des erreurs est de ne rien faire. Le *statu quo* est confortable et sans risque.

Et pourtant, les neurosciences nous apprennent que l'erreur et l'échec possèdent un avantage incroyable. Parce qu'ils procurent des émotions négatives, ils nous aident à mémoriser ce que nous avons mal réalisé et à corriger ce qui n'a pas fonctionné. Pierre-Marie Lledo nous rappelle que les émotions négatives ont plus d'impact que les émotions positives. Il faut entre trois et cinq émotions positives pour annuler une émotion négative. On retient donc plus facilement nos échecs que nos victoires parce que les émotions négatives restent présentes plus longtemps. Ses recherches ont montré l'émoussement de la récompense liée à la victoire. À chaque succès répété, l'intensité diminue. Si à chaque victoire, vous vous faites un cadeau en fêtant cela avec un verre de whisky, le plaisir de le déguster diminuera au fil du temps. Ce n'est pas le cas lorsque l'on est généreux. Lorsque l'on donne. L'intensité restera la même au fil du temps. Il n'y a pas de phénomène d'habituation. D'où l'intérêt d'être généreux ! Si vous êtes parent, manager ou dans une position où vous avez une influence sur votre entourage, soyez généreux avec le droit à l'erreur. Dans cette situation, le droit à l'erreur est un superpouvoir que vous possédez. Ce superpouvoir s'exerce tout d'abord en disant clairement à haute et intelligible voix : «J'ai fait une erreur. Je me suis trompé. » Vous témoignez à cette occasion d'une grande confiance en vous parce que vous vous montrez vulnérable. Montrer que vous n'êtes pas, 365 jours par an, un superhéros, donne confiance aux autres. Si lui se trompe et reconnaît ses erreurs, pourquoi pas moi ? En clair, votre attitude est contagieuse et contribue à changer le regard porté sur l'échec. Vous donnez à ceux qui hésitent le droit de prendre des risques, de faire des erreurs et donc d'échouer sans se prendre pour des ratés.

Dialoguer pour échouer moins souvent

Nous prenons en moyenne 35 000 décisions par jour. Ces chiffres issus d'une étude menée en 2017 par le constructeur de téléphones chinois Huawei révèlent d'autres surprises : 99,74 % de ces décisions sont prises de manière automatique. Elles ne nécessitent aucun effort de notre part. Notre cerveau décide pour nous. Par exemple dans une journée, nous pensons regarder notre smartphone 22 fois par jour alors qu'en moyenne, nous le vérifions 76 fois[1].

1. https://consumer.huawei.com/ch-fr/press/news/2017/etude-demontre-nouvelle-potentiel-de-notre-cerveau/

Puisque nous exerçons une réflexion approfondie sur 0,26 % de nos décisions quotidiennes, cela signifie que 91 d'entre elles nécessitent une réflexion approfondie de notre part. Elles concernent des sujets d'importance, sur lesquels nous souhaitons prendre la bonne décision. Comment ne pas se tromper alors que nous commettons en permanence des erreurs ? Constatation aggravante : nous commettons et répétons souvent les mêmes erreurs. Ces erreurs répétées, prévisibles, nous ne savons pas les corriger. Le coupable ? Nos biais cognitifs. Si vous recherchez des données sur les biais cognitifs *via* Wikipédia, vous constaterez qu'il en existe plus de 250. Olivier Sibony, professeur à HEC, est un expert mondial des biais cognitifs. Dans son passionnant ouvrage, *Vous allez commettre une terrible erreur !*[1], il explique comment combattre les biais cognitifs pour mieux décider.

Plusieurs bonnes pratiques peuvent réduire le nombre de nos erreurs et limiter nos échecs. Le dialogue est l'une d'entre elles. Dans notre culture latine, à l'ego développé, il a mauvaise réputation.

D'abord, dialoguer cela prend du temps et mal maîtrisé, cela engendre une pathologie bien connue en France : la réunionite aiguë (qui d'ailleurs ne s'est pas réduite en période de Covid). Dans mon précédent ouvrage, co-écrit avec Arnaud Fontanes et Nicolas Perrard, *Préparer et animer un workshop*[2], nous rappelions que nous consacrons seize ans de notre vie en réunions. 75 % d'entre nous déclarent s'y être ennuyé plus d'une fois par an. Les débats sans fin ont souvent la peau du dialogue constructif. Nous allons vite pour passer à l'action ; au détriment de la qualité de la décision.

Ensuite, nous croyons que dialogue = consensus mou, et c'est malheureusement trop souvent le cas. On ne se dit pas les choses,

1. Éditions Flammarion, 2019.
2. Éditions Eyrolles, 2020.

de peur de passer pour un « empêcheur de tourner en rond », de peur de froisser des collègues qui sont devenus des amis, presque des membres de la famille. Malheureusement, la proximité a ses inconvénients. Trop de proximité affective empêche le dialogue. Se dire des choses difficiles, c'est prendre le risque de ne plus être aimé. Donc, par facilité, on pense tous la même chose, on pense mal et on court irrémédiablement à l'échec.

Le problème, c'est que si tout le monde pense la même chose, c'est que personne ne pense. Je me souviens d'une anecdote racontée par un de mes clients, président de son entreprise. Au terme d'un Codir sur un sujet stratégique, il avait conclu : « Puisque tout le monde est d'accord et qu'il n'y a pas débat, je vous propose de remettre le dossier à l'ordre du jour la semaine prochaine. On ne peut pas faire l'économie d'un débat sur un sujet aussi important. » En fin de compte, peu importe qu'il y ait consensus mou. Le principal, c'est que quelqu'un décide. Ce n'est pas le dialogue mou qui crée le consensus mais le décideur mou.

Pour éviter ces deux pièges, quelques règles simples empêchent les comportements de moutons de Panurge. L'une d'entre elles est particulièrement efficace : « options tranchées ».

Chaque fois que vous devez prendre une décision importante, demandez aux participants (vous compris) de faire un bilan Pour/Contre sur le sujet. De dire ce qu'ils aiment et n'aiment pas. La démarche paraît contre-intuitive car, par manque de temps, nous voulons des réponses tranchées et non pas des réponses de Normand. Encourager les participants à donner une impression de certitude définitive génère un biais de surconfiance. Quand la décision est compliquée, il faut accepter de prendre son temps. Une position nuancée n'est pas une marque d'incompétence ou d'indécision mais de lucidité. Trancher trop tôt, c'est enfreindre un principe édicté par Einstein : « Il faut tout rendre aussi simple que possible mais pas plus... »

Préparer en amont le dialogue, c'est bien. Le rendre constructif, c'est mieux.

Quels outils utiliser pour mieux dialoguer et moins échouer ?

- **Écrire avant de parler.** Chaque participant est invité à écrire sur un Post-it ou sur son smartphone, son point de vue sur la question à l'ordre du jour, avant le début de la discussion. Cela oblige tout un chacun à clarifier sa propre position et à reconnaître quand les arguments des autres l'influencent.
- **Le pré-mortem.** Il s'intercale juste avant la décision finale. La technique consiste à se projeter dans un futur où votre projet a échoué et à en faire l'autopsie. Vous annoncez : « Mon mariage en 2026 est un échec monumental. Pour quelles raisons s'est-il révélé si catastrophique ? » Vous notez par écrit et en silence, une série de raisons possibles que vous partagez, bien entendu, avec l'amour de votre vie. Nous sommes bien plus doués pour expliquer ce qui s'est déjà produit que pour imaginer ce qui pourrait se produire. Le pré-mortem exploite ce biais. Il nous projette dans l'avenir pour regarder en arrière, nous demande d'expliquer un passé non encore advenu. Les résultats sont souvent instructifs. Se projeter dans le futur stimule la créativité. Nous trouvons plus de raisons d'échec qu'en nous référant au passé.
- **L'alternative obligatoire.** Chaque fois que vous présentez un projet, présentez une alternative : soit deux propositions. L'idée est d'éviter le choix binaire de type « pour ou contre » qu'implique une proposition unique. Le simple fait d'avoir de multiples options améliore la qualité de la décision. Les frères Heath, dans leur ouvrage *Comment faire les bons choix*[1], citent une étude selon laquelle 29 % des décisions seraient

1. Éditions Flammarion, 2017.

des choix entre plusieurs options, contre 71 % pour un choix mono-option. Le taux d'échec serait bien moindre pour le multi-option (32 %) comparé au mono-option (52 %). On ne suscite pas le débat avec une seule proposition à étudier et on augmente le risque d'échec.

Solliciter les critiques pour mieux échouer

Parce que le sujet principal de ce livre renvoie au développement personnel, tout commence par vous mais sans les autres, rien ne se passe. Nous sommes des animaux sociaux. Nous ne pouvons pas progresser sans l'aide, le regard et les conseils de ceux qui nous entourent. Le dialogue contribue à réduire le nombre de nos échecs ou à les éviter mais ce n'est pas une assurance tous risques. Face à un échec incontestable, il faut s'interroger et solliciter l'avis de ceux qui vous entourent. Étape d'autant plus douloureuse que nous préférons nous cacher au fond d'un trou ou tourner la page le plus rapidement possible ! Pour trouver une meilleure version de vous-même, vous ne pouvez pas faire l'économie d'écouter les critiques positives, négatives, et les propositions d'amélioration.

Formulé autrement, comment accepter les feedbacks pour mieux rebondir après l'échec ?

Une fois encore, un paradoxe nous complique la vie : nous détestons la franchise mais nous la souhaitons en même temps.

Rares sont ceux qui parmi nous adorent être critiqués. Confronté à un retour négatif, notre cerveau a le même réflexe de lutte ou de fuite que face à une menace physique : des hormones sont relâchées dans notre système sanguin, accélérant le temps de réaction et accentuant nos émotions. Sur l'échelle de la détestation, nous haïssons les critiques lorsqu'elles sont formulées publiquement. Nous les percevons comme un danger. Comme un signe potentiel d'être exclu du groupe auquel nous appartenons.

Dans chacun de nos séminaires, Christophe et moi posons la question suivante aux participants : « Est-ce plus facile pour vous de faire des feedbacks positifs ou des feedbacks d'amélioration ? » La majorité indique qu'il est beaucoup plus facile de faire des retours positifs. Un participant nous a récemment dit : « C'est assez facile de dire à quelqu'un qu'il fait du bon travail, mais c'est beaucoup plus difficile de lui dire : Tu t'es planté. »

Pourtant, de nombreuses études montrent que nous comprenons les vertus de la vérité même si elle est difficile à accepter. En février 2021, Le cabinet de conseil américain Zenger Folkman a interrogé 8 715 personnes. Seulement 22 % ont affirmé préférer recevoir des commentaires positifs, 66 % des commentaires négatifs ou d'amélioration, 12 % n'avaient pas de préférence. 72 % d'entre elles avaient l'impression que leurs performances s'amélioreraient si elles recevaient davantage de feedbacks correctifs.

En d'autres termes, nous sommes agacés d'entendre dire que nous ne sommes pas parfaits, mais une fois passé le stress initial, la critique nous est utile.

Le nœud du problème est résumé par un dernier chiffre : 92 % des participants approuvent la phrase suivante : « Un feedback correctif, s'il est formulé correctement, améliore la performance. » C'est parce que nous formulons mal nos critiques qu'elles n'améliorent pas la performance de celui qui les reçoit. Trois croyances nous empêchent de bien les formuler. Elles fonctionnent comme des pièges dans lesquels nous tombons facilement. Si vous voulez recevoir des critiques qui vous aident à progresser, dites à votre interlocuteur de bannir ces phrases :

- « Tiens compte de mes feedbacks et mets-les en œuvre. »
- « Bravo, c'est top ce que tu fais ! »
- « C'est bien mais… »

Premier piège : « Tiens compte de mes feedbacks et mets-les en œuvre »

Un feedback est un cadeau. En recevoir un, c'est l'occasion de progresser. Comme tout cadeau, vous pouvez l'accepter ou le refuser. Un pull moche reçu à Noël de la part de votre grand-tante, qui a toujours en tête que vous avez 7 ans alors que vous en avez 30 de plus, a toutes les chances de se retrouver, à un prix modique, sur le site Leboncoin, dès le 26 décembre. Si vous émettez un feedback, ne vous enfoncez pas en culpabilisant votre interlocuteur avec une phrase du type : « Tu n'es pas très ouvert à la critique. Tu refuses le feedback. » Bon nombre d'entre nous tombent dans ce piège. Dans un souci de bien faire, de ménager la personne, nous cachons une injonction déguisée derrière un feedback. Soit c'est un feedback et libre à la personne de l'accepter ou le refuser, soit c'est une injonction (votre interlocuteur doit faire ce que vous lui demandez) et ce n'est pas un cadeau !

Deuxième piège : « Bravo, c'est top ce que tu fais ! »

Cette phrase est très agréable à entendre mais c'est un compliment et non pas un feedback. Faire des compliments n'aide pas à progresser. S'entendre dire : « Tu as fait un excellent travail, continue ! » fait plaisir mais ne donne aucune indication sur ce qu'est un excellent travail et sur ce qui se cache derrière. *Idem* pour : « Continue ! » Continuer vers quoi ? En faisant quoi ?

Troisième piège : « C'est bien mais... »

La personne à qui vous demandez de l'aide a peut-être suivi des formations sur le feedback. Elle a peut-être retenu qu'il faut toujours assortir un feedback positif d'un feedback d'amélioration. C'est la fameuse technique du feedback sandwich :

on commence par une petite tranche de pain, un rapide « c'est bien ». Puis on enchaîne par « mais ». Le « mais » est consistant. C'est le cœur du sandwich. Il comprend tous les points d'amélioration. Puis on termine par une toute petite tranche de pain, verbalisée par un « mais c'est bien quand même… continue, tu es sur la bonne voie ».

Nous sommes face au classique « c'est bien mais… », qui est un « mais » déguisé. Vous ne retiendrez que le « mais » et oublierez très vite le « c'est bien ». Un mot suffit pour tout changer. Pour que les deux tranches de pain du sandwich soient onctueuses, demandez à votre interlocuteur de remplacer le MAIS par un ET. Un « c'est bien et… » illumine notre journée alors qu'un « c'est bien mais… » la plombe.

Vous connaissez les pièges à éviter pour votre interlocuteur mais que faire et comment bien le faire ?

Comment obtenir un bon feedback ?

Christophe, comme tout coach professionnel, est obsédé par la performance. Que ce soit en match ou lors des entraînements, tous les joueurs sont équipés de GPS. Impossible de se mentir à soi-même ou d'essayer d'embobiner son coach. Toutes les six semaines, il rencontre chacun de ses joueurs pendant trente minutes.

L'entretien est structuré autour de quatre thèmes :

- L'intime

Le joueur répond à quatre questions : tu t'entraînes pour quoi ? Tu apportes quoi au groupe ? Quel est ton point fort ? Quelle est ton ambition ?

Le coach réagit aux propos du joueur et questionne.

- La météo des valeurs

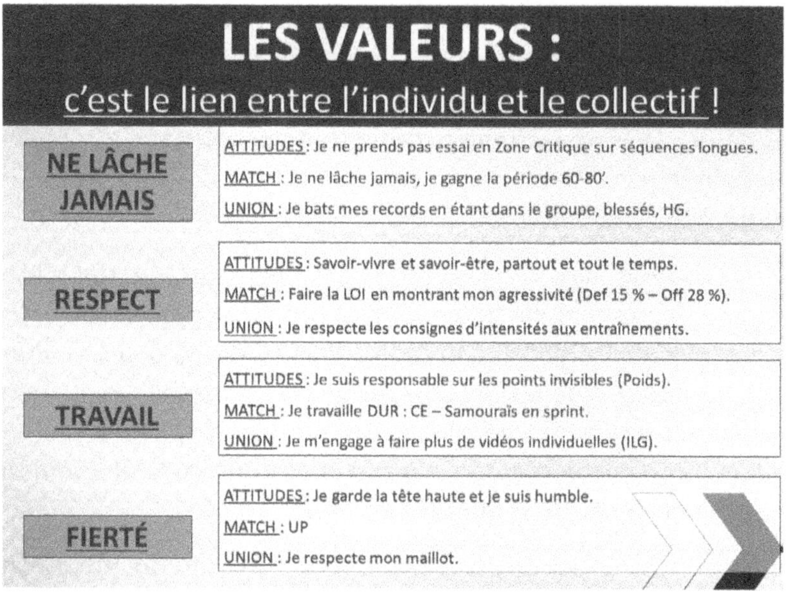

Pour chacune d'entre elles, le joueur choisit entre Grand Soleil, Nuageux et Pluie. Le coach donne son avis.

- Les données GPS et vidéos

Les indicateurs varient selon les postes. On n'exige pas d'un pilier de courir aussi rapidement qu'un ailier.

- Le profil du poste

Il est structuré en trois parties : les incontournables, les bases du poste, les facteurs X (ce qui fait vraiment la différence en match). Le joueur puis Christophe évaluent chacun des points sur la base de trois couleurs : vert = tout va bien ; orange = peut mieux faire ; rouge = la performance constatée n'est pas au niveau attendu.

L'INTIME : JE
5. Ce que j'aime faire sur un terrain de rugby / What I like to do on a rugby pitch
Mettre la pression sur l'adversaire notamment par le sol
4. Mon Ambition / My Ambition
Gagner des titres
3. Mon Point Fort / My strength
Contest
2. Tu apportes quoi au groupe ? / Which qualities do you bring to the group?
Ma détermination d'aller plus loin
1. Tu t'entraines pourquoi ? / Why do you train?
Gagner tout ce que je peux gagner individuellement pour finir par gagner collectivement

LA MÉTÉO DES VALEURS		
	Manager	Athlete
Engagement		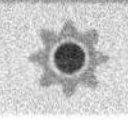
Fierté		
Solidarité		
Travail		

Que retenir de cette démarche ?

Sans données, ce que vous dites n'est qu'une opinion. Un dialogue constructif, incitant à l'action, ne peut faire l'économie de faits précis ou d'exemples concrets. Si Christophe réussit à faire progresser toutes les équipes qu'il entraîne, il le doit notamment à sa qualité d'écoute et de feedback. Dans le cadre de ces entretiens, il fonctionne en mode A4.

- Aider avant tout

Il formule ses critiques avec une intention positive. Même s'il dit ce qu'il a sur le cœur, il s'interdit de blesser intentionnellement ses joueurs. Il demande à chacun d'identifier le changement de comportement attendu. Il explique individuellement les bénéfices à chacun de ses joueurs. Ses propos s'appuient sur des faits concrets, pas des opinions ou des généralisations abusives.

Il s'exprime toujours à la première personne et commence ses phrases par « je ». Tout autre pronom est à bannir, surtout le « tu », accusateur et culpabilisant. Le « tu » tue : il génère une relation de parent à enfant : on vous dit ce que vous devez faire. Le « je » témoigne de l'engagement de la personne. Elle s'exprime en son nom et assume ce qu'elle vous dit. Vous êtes dans une relation d'adulte à adulte.

- Applicable

Les critiques émises se concentrent sur ce que le joueur peut changer.

Il commence toujours par énoncer le positif et explique comment renforcer les points forts identifiés. Les critiques positives sont formulées sous forme de propositions telles que : « Commence à faire… et fais plus de… » (schéma ci-après).

Les feedbacks d'amélioration sont quant à eux formulés sous forme de questions (schéma ci-après) : « Et si tu arrêtais de faire… ? Et si tu commençais à faire… ? » Plutôt que d'imposer ou de proposer, il questionne. Le questionnement nous aide à trouver nous-mêmes nos propres réponses.

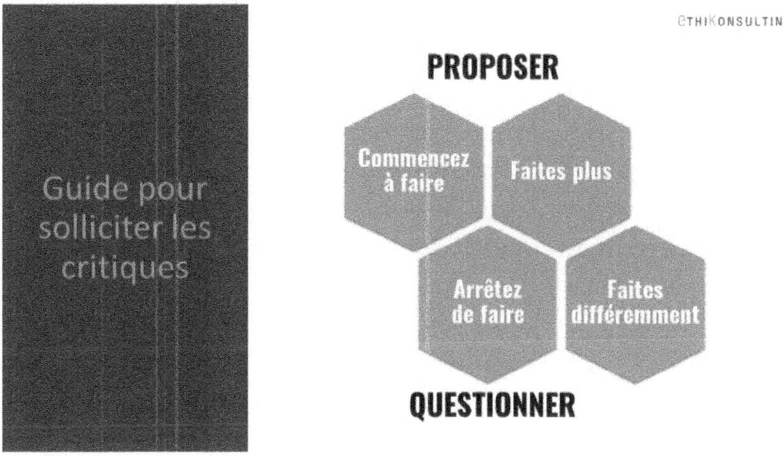

Ce guide pratique définit le terrain de jeu des critiques mais une question demeure : quel est le bon dosage entre ces quatre propositions ? La réponse est : cela dépend du contexte. Dans un cadre professionnel, tout dépend de la maturité et de la culture de votre entreprise sur ce sujet. Chez Netflix, champion de la culture de la franchise, la proportion est : 75 % critiques négatives et 25 % critiques positives. Si vous commencez sur le sujet, nous vous conseillons de partir sur un 66 % critiques positives et 33 % critiques négatives. Il ne peut pas y avoir de règles précises sur le sujet du feedback. Tout dépend des relations de confiance entre les personnes et de la culture de l'entreprise (goût pour le secret, le consensus ou la confrontation).

- Apprécier

Quand vous êtes dans la position du joueur ou de celui qui reçoit le feedback, préparez-vous mentalement avec une phrase : « Ce que j'aime est plus important que mon ego. » Répétez-vous cette phrase cent fois par jour si nécessaire ou en minimum faites-le quand la critique que vous recevez vous fait mal. Ne vous faites pas d'illusions, vous recevrez des critiques qui « picotent », que vous trouverez injustes, qui vous mettront en colère. Tout le monde ne peut pas être un as du feedback. Ce que vous aimez est supérieur à votre ego : c'est en fin de compte revenir à vos cinq priorités, à votre philosophie personnelle. En vous rappelant ce qui compte vraiment pour vous, vous assimilerez la critique (même mal formulée) car elle sert vos passions. Remerciez votre interlocuteur par un simple mais sincère « merci ». Résistez à la tentation de répondre et d'argumenter pour le convaincre. Cela serait le meilleur moyen de ne plus recevoir de retours francs.

- Accepter ou rejeter

En recevant de nombreuses critiques, vous vous engagez à les écouter et à réfléchir aux remarques qui vous sont faites. Comme indiqué précédemment, charge à vous de les accepter ou de les rejeter. Le feedback est un cadeau.

11

Y A-T-IL VRAIMENT DES BÉNÉFICES À ÉCHOUER ?

On apprend plus vite

Refuser d'échouer ou se reprocher d'échouer n'a pas de sens. Est-ce que vous reprochez à l'eau d'être humide ? Au feu de brûler ? Non. Pourquoi alors se réprimander d'échouer alors que nous ne pouvons pas réussir sans ? Enfant, nous tombons des dizaines de fois avant d'apprendre à faire correctement de la bicyclette. À chaque chute, nous redoublons d'efforts pour aboutir à nos fins. Il est des victoires qui ne se remportent qu'en perdant des batailles. Échouer nous confronte à la réalité, nous contraint à étudier les difficultés rencontrées sous tous les angles.

Ralph Emerson, poète américain, disait : « La vie est une expérience, plus on fait, mieux c'est. » L'expérience de l'échec c'est l'expérience de la vie. La réussite nous rassure mais ne dure qu'un temps. Elle est un aboutissement, une réalisation importante mais éphémère. À l'inverse, l'échec est un long chemin où nous nous heurtons à une réalité que nous ne connaissons pas. Par le questionnement, l'introspection, nous cherchons à nous améliorer, à prendre un nouvel élan et essayer encore.

Bref, échouer nous force à recommencer pour apprendre plus rapidement.

Cela forge le caractère

Le général de Gaulle écrivait dans ses mémoires : « La difficulté attire l'homme de caractère car c'est en l'étreignant qu'il se réalise lui-même. » Le « Grand Charles » a vogué d'échec en échec durant la période d'entre-deux-guerres. Il écrit dans ses mémoires que la guerre de 1914-1918 lui a « laminé l'âme ». De mars 1916 à la fin de la guerre, sa captivité le prive de combats. Il tente de s'évader mais échoue à cinq reprises. En 1934, obscur lieutenant-colonel, il publie *L'Armée de métier*. Il espère que cette publication lui apportera la reconnaissance. Le livre ne rencontre qu'un timide succès d'estime. Même l'appel du 18 juin 1940 passe totalement inaperçu. Diffusé à 23 heures, il n'est entendu que par quelques privilégiés. Il en est de même pour ses appels du 22 et 24 juin qui ne génèrent aucun ralliement massif. À part quelques aventuriers, aucun chef militaire ou homme politique de premier plan ne le rejoint à Londres. Le 14 juillet 1940, de Gaulle passe en revue les soldats de la France libre. Ils sont à peine trois cents. Lorsque les Alliés débarquent en novembre 1942 en Afrique du Nord, ils installent au pouvoir le général Henri Giraud plutôt que le « Grand Charles ». Le débarquement du 6 juin 1944 se fait sans de Gaulle. Et pourtant, le 26 août 1944, deux millions de Français l'accueillent triomphalement à Paris. Les Alliés n'ont d'autre choix que de le reconnaître en tant que gouverneur provisoire de la République.

Les échecs ont pour vertu de façonner le caractère et de nous préparer à en endurer d'autres. Comme nous l'avons écrit auparavant, l'échec est consubstantiel à la vie. Sans ce parcours jalonné d'échecs, complété par sa traversée du désert entre 1946 et 1958, de Gaulle aurait-il créé la Ve République ? Aurait-il été président de la République pendant onze ans ? Serait-il l'homme politique de référence, autant cité par nos leaders politiques actuels, qu'ils soient d'extrême droite, de droite, du centre, de gauche ou d'extrême gauche ?

La vie, faite d'obstacles, nous oblige à trouver en elle des ressources de créativité pour grandir et nous donner un élan vital plus fort que tout. Si la vie est une somme d'élans vitaux, alors nous ne pouvons les éprouver sans être contrarié. Nous avons besoin d'une opposition pour progresser et forger notre caractère. Un caractère se forge dans l'adversité et non pas dans le confort. Sans rugosité rencontrée, notre personnalité s'affaiblit. Ce que Nietzsche résume par : « Ce qui ne me tue pas me rend plus fort. »

C'est une chance pour se réinventer

Je vous propose de tenter une expérience. Posez la question suivante à vos amis : « Quelle est la situation où tu considères que tu as eu le plus de chance dans ta vie ? »

Depuis plusieurs années, j'anime un club APM (Association pour le progrès du management). Une fois par mois, je réunis une vingtaine de dirigeants pour les aider à progresser dans leur métier. Il y a quelques années, Philippe Gabilliet, « professeur de chance » et auteur de nombreux ouvrages à succès sur le sujet, nous a demandé de répondre à cette question.

Dans plus de 50 % des cas proposés par les dirigeants du club ce jour-là, l'échec était le point de départ du coup de chance de leur vie. Là encore, tout renvoie à votre posture, à votre capacité à rester optimiste face à une « tuile » majeure. Un chanceux sait recycler les revers et les coups du sort en autant d'ouvertures nouvelles. Pourquoi ? Parce qu'il est optimiste par défaut, par construction. Nos échecs nous rendent disponibles, favorisent le changement de voie, la bifurcation existentielle, qui s'avère souvent heureuse. L'échec nous rend disponibles pour autre chose.

Face à l'adversité, la réaction de l'optimiste devient évidente. Confronté au coup de malchance ponctuel, à l'échec plus ou moins assumé, au revers professionnel majeur, à l'accident de carrière inopiné, il va entreprendre immédiatement la recherche d'opportunités nouvelles, sans doute cachées au cœur des difficultés. La réussite est une question de chance. « Tous les ratés vous le diront », rappelait Coluche.

En résumé

Comment réussir à échouer en 60 secondes

Distinguez erreur et faute

Apprendre de ses erreurs, c'est s'accorder le droit de se tromper pour préparer une rencontre sereine avec l'échec. L'erreur est OK car elle n'est pas intentionnelle. La faute n'est pas OK. Elle est comportementale, volontaire et doit être sanctionnée. Confondre erreur et faute engendre deux conséquences néfastes :

- si erreur = faute, la culture de la trouille s'installe. Plus personne ne prend d'initiatives par crainte de sanctions ;
- si erreur = faute, la culture du mensonge se diffuse. « Je fais des erreurs et les planque de peur d'être jugé négativement. »

Quand la distinction entre erreur et faute n'est pas claire, nous évitons de prendre des risques, de faire des erreurs, d'échouer et donc de progresser.

Accordez-vous le droit à l'erreur

La plus grande vertu de l'échec, c'est de nous faire rencontrer le réel, d'atteindre nos limites à un instant donné. Il y a une sagesse de l'échec là où, le plus souvent, il n'y a qu'une ivresse du succès.

Dialoguez

Nous prenons 35 000 décisions par jour mais une centaine de manière consciente, pour lesquelles nous commettons et répétons les mêmes erreurs, en raison de biais cognitifs. Le dialogue est l'outil le plus efficace pour les combattre. Trois outils pour mieux dialoguer :

- *écrire avant de parler*. Avant une réunion importante, écrivez sur un Post-it votre point de vue sur la question à l'ordre du jour. Cela vous oblige à clarifier votre position et à reconnaître quand les arguments des autres vous influencent ;
- *le pré-mortem*. Projetez-vous dans un futur où votre projet a échoué et faites-en l'autopsie. Votre mariage en 2026 est un échec monumental... Pour quelles raisons ? Notez par écrit et en silence toutes les raisons et partagez-les avec l'amour de votre vie ;
- *l'alternative obligatoire*. Chaque fois que vous présentez un projet, présentez une alternative : soit deux propositions. L'idée est d'éviter le choix binaire de type « pour ou contre » qu'implique une proposition unique.

Sollicitez la critique pour mieux échouer

92 % d'entre nous approuvent la phrase suivante : « Un feedback correctif, s'il est formulé correctement, améliore la performance. » Sollicitez la critique avec le cadre « A4 » :

- celui qui émet la critique doit **a**ider avant tout. Son intention se doit d'être positive ;
- la critique doit être **a**pplicable avec deux propositions (« continue à... et fais cela en plus...) et deux questions (« et si tu arrêtais de... et si tu faisais différemment ? »).

Celui qui reçoit la critique doit :

- **a**pprécier. Dites sincèrement merci à une critique sinon plus personne ne vous en fera à l'avenir ;
- **a**ccepter ou pas : une critique est un cadeau. Libre à vous de l'accepter ou de la refuser !

Conclusion

Fin août 2021, je reçois un SMS de Christophe : *Tu pourrais intervenir demain sur un format de 15 minutes auprès du groupe (45 joueurs et staff) dans le cadre de notre séminaire Vision et Valeurs ? Tu préfères quel sujet : les valeurs ou la culture de la gagne ?*

J'hésite quelques instants. Les valeurs, c'est du tout cuit. Chez Ethikonsulting, nous travaillons depuis dix ans sur le sujet. En plus, le délai est court. Du jour au lendemain, autant choisir ce que je maîtrise parfaitement. La culture de la gagne… Pfff… Sujet casse-gueule. Qu'est-ce que je pourrais apprendre sur ce thème à des athlètes de haut niveau, moi un gars de 57 ans, qui n'a jamais joué au rugby ? Quand on joue en Top 14, qu'on ambitionne d'être champion, c'est évident qu'on est habité par la culture de la gagne. En plus, entraînés par Christophe, ils ne sont pas prêts de s'endormir sur le sujet ! À l'extrême limite, sur la culture de la gagne, je suis un imposteur…

Je choisis donc le sujet… culture de la gagne !

Pourquoi ?

Pour plusieurs raisons.

Cela fait des années que j'écris sur les parallèles possibles entre le management des équipes de sportifs de haut niveau et des équipes en entreprises. Je rencontre régulièrement des sceptiques qui ne croient pas que cela soit possible. Quelle superbe opportunité de tester la robustesse de mes propos auprès du groupe professionnel de l'UBB !

Mais la raison principale est autre. J'ai choisi le sujet de la culture de la gagne par goût du challenge, par volonté d'être inconfortable, sous pression. Et soyons honnête, ce livre traite du sujet. J'ai donc structuré mon propos, comme toujours en trois points.

Au moment de démarrer ma présentation, je me suis dit que j'avais une chance incroyable de vivre ce moment présent. On m'aurait dit à l'âge de 20 ans : « dans trente-sept ans, tu partageras tes convictions sur la culture de la gagne à des joueurs de rugby professionnels », j'aurais éclaté de rire.

Est-ce un coup de bol ? Tous ceux qui me connaissent bien (mon épouse, mes associés ou mes amis du club APM) savent que je travaille beaucoup. Je n'ai pas trouvé mieux pour devenir compétent sur un sujet. Si faire des rencontres inattendues, des rencontres qui vous font bifurquer dans la vie, c'est avoir du bol, alors oui, j'ai eu une chance incroyable.

Revenons à mon exposé. Tout se passe bien. Les joueurs sont concentrés. Aucun ne s'est endormi.

Je le termine par une courte histoire métaphorique.

Cinq grenouilles sont sur une grande feuille de nénuphar. Quatre décident de sauter et donc de quitter le nénuphar. Combien de grenouilles reste-t-il sur le nénuphar ? Généralement, 90 % des gens répondent : une ; 5 % répondent : zéro (la dernière a suivi les autres, car la puissance du collectif existe même chez les grenouilles...) ; et une minorité trouve la bonne réponse : cinq. Aucune grenouille n'a sauté. Elles ont juste décidé de le faire.

Il y a un monde entre décider de faire les choses et les faire réellement.

Les joueurs de l'UBB ont tous répondu en chœur : cinq ! Ils connaissaient déjà l'histoire. Christophe leur avait déjà raconté. Il m'avait prévenu. Je ne l'ai pas écouté et je me suis planté. Être meilleur ne s'arrête jamais. La prochaine fois, je changerai d'histoire. En attendant, c'est à vous de jouer. Ne décidez pas de sauter le pas, faites-le réellement !

Remerciements

L'écriture d'un livre est un sport d'équipe.

Sans l'accord du président de l'UBB, Laurent Marti, ce projet n'aurait pas pu être aussi concret. L'ensemble du groupe (staff et joueurs) m'a accueilli comme un des leurs. La convivialité est définitivement une valeur clé de ce groupe.

Écrire, c'est une discipline. Être relu par mon fidèle camarade Benjamin Guérif, éditeur chez Gallmeister, a été une chance pour moi de progresser.

Merci à mes amis experts APM, Pierre-Marie Lledo de l'Institut Pasteur et Philippe Gabilliet, « professeur de chance » à l'ESCP, pour nos lumineuses conversations.

Merci aux équipes Eyrolles (Florian, Constance et Lise) pour leur pertinence, leur réactivité et leur patience…

Et enfin, un immense merci à mon fils Alexis. Il a joué un rôle clé sur ce projet d'écriture. La qualité de ses travaux de recherches et la pertinence de ses critiques, toujours fondées, ont rendu ce projet bien meilleur. La relève est assurée…

Troisième tirage 2022

Dépôt légal : décembre 2021
Imprimé en France par Laballery
N° d'impression : 112280
Cet ouvrage est imprimé sur du papier offset 90 g,
papier issu de forêts gérées durablement.